인간은 이 세상에 두 번 태어난다.
한 번은 신체적 자아의 탄생이요,
또 한 번은 나의 정신적 자아의 탄생이다.

_____
                                    드립니다

작은 이야기
큰 감동

작은 이야기 큰 감동

초판 인쇄 | 2005년 12월 20일
초판 발행 | 2005년 12월 24일

엮은이 | 서문 성
펴낸이 | 임종관
펴낸곳 | 미래북
표지 및 본문 디자인 | 김왕기
교정 교열 | A&C 기획

주소 | 서울특별시 용산구 효창동 5번지 421호
전화 | (02) 738-1227
팩스 | (02) 738-1228
이메일 | miraebook@hotmail.com
신고번호 | 제302-2003-00026호

ISBN 89-87207-49-8 03730

책값은 뒤표지에 있습니다.
잘못 만들어진 책은 바꾸어 드립니다.

작은 이야기 큰 감동

서문 성 엮음

미래북

개정판에 붙여

　신문의 아주 작은 기사가 많은 사람의 가슴을 감동시키는 경우는 흔히 볼 수 있습니다. 그 기사에는 우리의 마음을 울리는 우리의 삶의 모습이 담겨 있기 때문입니다. 이런 경우의 신문기사는 눈으로 읽지 않고 마음으로 읽어야 합니다.

　지구상에는 약 60억 명의 사람이 살아가고 있습니다. 사람의 마음은 우주와 같다고 했으니 지구에만 60억 개의 우주가 돌고 있는 것입니다. 그러니 우리가 살아가는 모습이 다양할 수밖에 없습니다.
　주위에서 살아가는 이웃의 모습, 자연의 모습에 대해 관심을 가지고 이해할 때 삶의 의미를 알 수 있습니다. 이것은 마음을 열고 마음으로 세상을 보는 눈을 지닐 수 있어야 합니다. 세상의 일이 바로 세계를 이끄는 원리이고, 그 원리를 깨치는 눈이 소우주인 우리의 마음속에 있기 때문입니다. 그리고 마음으로 보는 그 세계는 감동과 지혜의 세계입니다.

이 책에 실려 있는 이야기들은 오랫동안 설교나 글쓰기에서 인용했던 이야기를 모아 놓은 것입니다. 모두 우리가 세상을 살아가고 있는 모습들에 대한 이야기입니다. 과거도 있고, 현재도 있고 미래도 있습니다. 그러나 종교에 대한 구분이나 사상에 의한 분별은 개입되어 있지 않습니다. 그런 것들은 마음으로 보는 이야기가 아니고 차가운 머리로 생각하는 죽은 것들이기 때문입니다.

흔히들 책을 읽는 것이 간접 경험을 쌓는 일이라고 합니다. 지금 우리 주위에서 일어나는 진솔한 삶의 모습들을 경험할 수 없다면, 이 책을 통해서 그런 감동을 경험하실 수 있습니다. 이 이야기들은 마음을 열고 지혜를 열어가는 삶의 열쇠와 같은 이야기입니다. 작지만 결코 작지 않은 이야기입니다. 마치 작은 사람의 마음이 무한한 우주와 같듯이 말입니다.

2005년 12월 초순에 엮은이

차례

하늘이 열림

15_ 옥견의 가죽신
17_ 별을 향해 쏘면 달은 맞힐 수 있다
18_ 보는 만큼 느끼고 느끼는 만큼 받아들인다
20_ 실수를 격려하자
22_ 책은 왜 읽나?
23_ 묵자(墨子)의 비유
26_ 오랑우탄 법률가
30_ 오늘 하루는 내가 주인
32_ 기회가 오기만을 기다리는 사람
34_ 소 잡는 도(道)
36_ 나는 아버지의 아들입니다
38_ 상대성 이론
40_ 맨홀 뚜껑은 왜 동그란 모양일까?

마음의 깨달음

45_ 일곱 개의 금 항아리
47_ 지혜의 시작
49_ 보이지 않는 불

51_ 한 통에 4달러
53_ 나무 꼭대기에 올라
55_ 승리는 인내와 끈기
57_ 희망과 절망
59_ 아스피린 한 병
61_ 꼼꼼한 자기 관리
63_ 자기 개선의 첫걸음
65_ 쓸모없는 것

마음이 열림

69_ 황금색 오렌지와 검정고양이
72_ 선인의 제단 위에 핀 가짜 꽃
74_ 생쥐 스승
76_ 술 취한 코끼리
78_ 죄인을 만드는 매
81_ 돛새치의 지도력
84_ 비밀의 노예
86_ 마흔 아홉 명을 살린 제갈공명의 지혜
88_ 셔츠 차림이 된 공연장
90_ 행복해지는 비결
92_ 사랑의 도미노
94_ 우정의 열매
96_ 돼지와 암소

마음의 주인

101_ 재미있는 머피의 법칙
104_ 우리라니?
106_ 어디에나 성공의 싹은 있다
108_ 엘리베이터 거울
110_ 명마의 뼈
112_ 연꽃에는 좋은 향기가 없다
115_ 다모클레스의 칼
117_ 풀꽃과 친하려면
119_ 화려한 1등, 잊혀져 가는 2등
121_ 나는 당연히 황금을 택하겠습니다
123_ 천려일실(千慮一失)

마음이 가는 곳

127_ 삶의 긴장을 잠시 늦추며
129_ 그밖에는 알 바 아닙니다
131_ 호랑이의 재판
133_ 어머니의 사랑
134_ 마음속의 도둑
136_ 어른들은 숫자를 좋아한다
138_ 돈이 보이는 사람들
141_ 젊은이의 눈물

143_돼지 같은 회장님
145_호랑이 다루는 법
148_모기와 사자

지혜의 열림

153_탄생의 신비
155_아이만이라도 살려 주세요
157_행복과 불행의 차이
158_공주의 눈을 뜨게 한 난초
160_황고비의 바가지
162_다시 태어나면
164_작은 몸 큰 마음
167_사형수 어머니의 기도
169_죽 한 그릇의 교훈
172_소중한 잔뿌리 인생
174_희망과 보람
176_비어 있음의 아름다움

지혜가 머무는 곳

179_꿀을 발라야 변을 면한다
181_공짜
183_이미 엎질러진 물

185_락 카페와 포장마차
187_아침에 피었다 지는 나팔꽃
189_큰 새끼 한 마리가 작은 새끼 두 마리 하고
191_자신에게 투자하라
193_러스킨의 길
195_소년과 바이올린
197_눈높이를 맞추는 일
199_가로채기

마음과 지혜의 만남

203_평소에 잘 하기
205_다시 한 번 하세요
206_면도할 때마다 난 상처
208_왕의 깨달음
210_행복 속의 불행
212_이항로 선생의 수신
214_남을 불쌍히 여기는 마음
216_목각 기러기
218_손님의 잘못이 아닙니다
220_노동의 의미
222_두 거지와 보리
225_나는 어디로 가고 있는가?
227_디오게네스

하늘이 열림

인간은 소우주이므로,
정신이 올바르게 깨임은 하늘의 열림이고,
모든 일에 전념함으로써 정신을 깨울 수 있다.

옥견의 가죽신

　세종대왕의 아들 한남군은 그의 형 수양대군이 조카인 단종을 밀어내고 왕이 된 것에 불만을 품고 금성대군과 손잡고 단종 복위운동을 벌이다가 죽었다. 그런 일로 세조는 한남군의 아들 홍안군을 왕족의 자리에서 쫓아냈다.
　그러다보니 홍안군의 아들 옥견도 여기저기 돌아다니며 살 방도를 강구한 끝에 신발을 삼기로 하였다.
　"이왕 신발을 만들 바에야 최고로 만들자. 이것이 나의 자존심이다. 왕손이 신발을 삼는 것이 창피한 것이 아니라 제대로 못 만드는 것이 창피한 일이다."
　굳게 각오를 하고 갖바치(가죽신 만드는 기술자)를 찾아가 기술을 익혔다. 어느 정도 기술을 익힌 옥견은 다시 더 나은 기술을 익히기 위해 이름난 갓바치를 찾아가 큰절을 올리며 기술을 전수해 달라고 부탁했다.

갓바치들은 옥견이 왕족이라 부담을 가지고 한사코 거절하였으나 매일 찾아와 부탁하는 옥견의 정성에 감복하여 기술을 전수해주기로 하였다. 옥견은 정말로 열심히 배워 이름난 기술자가 되었고, 옥견의 신발을 사기 위해 사람들은 줄을 이었다.

얼마 후 옥견은 왕족으로 다시 복원되고, 전과 같이 종실의 품직을 받았다.

가마를 타고 담비가죽으로 지은 귀인의 모자를 쓰고 조정에 드나들며 국사를 논할 때에도, 길에서 옛날 동업자를 만나면 말에서 내려 절을 하고 선배 갓바치를 만나면 진흙구렁텅이라도 내려서 큰절을 하였다. 옥견은 어려울 때 기술을 가르쳐 준 그들의 은공을 잊지 않았던 것이다.

뒷날 신기에 가까운 기술이나 묘수를 '옥견이 가죽신 짓던 솜씨'라고 부르게 되었다.

재능은 근면과 노력에 의해서 피는 능력이며 자발적인 힘인데, 천재는 마음대로 되지 않는 힘이다.   해즐럿 : 영국의 수필가

별을 향해 쏘면
달은 맞힐 수 있다

'붙였다 뗐다' 하는 메모지로 유명한 '포스트 잇(Post it)'은 사실 쓰리엠(3M)사의 실패작이었다.

본래 쓰리엠에서 개발하고자 한 것은 절대 떨어지지 않는 메모지였기 때문이다. 하지만 강력한 접착용 메모지를 위한 쓰리엠의 연구개발은 잘 떨어지는 제품의 약점을 오히려 강점으로 변화시켜 아이디어 상품을 개발해 낸 것이다.

멀리 있는 별을 향해 쏘다보면 가까이 있는 달은 맞힐 수 있다고 했다. 세계 제일을 목표로 조금은 무모하다 싶게 도전해 보자! 그러다 보면 어느덧 세계와 당당히 겨루는, 실력 있는 자신을 발견하게 될 것이다.

보는 만큼 느끼고
느끼는 만큼 받아들인다

1970년대 이전까지 스위스제 손목시계는 전 세계 시장의 80%를 장악하고 있었다. 스위스 시계의 명성이 최고조에 달할 즈음, 스위스의 한 시계회사 개발팀에서 전자시계를 발명했다. 그리고 이 회사 경영층에 자랑스럽게 보고를 했다.

하지만 경영층에서는,

"모름지기 시계는 바늘이 있고,…… 시계는 시계다워야 하는데,…… 이건 시계가 아니야."

라며 상품화 제안을 가볍게 묵살해 버렸다.

회사에서 환영받지 못했던 이 아이디어는 얼마 후에 국제시계전시회에 출품됐고, 여기서 몇몇 회사로부터 주목을 받게 된다. 일본의 세이코와 미국 TI사가 바로 전자시계에 관심을 가진 회사였다. 이중 세이코는 전자시계를 상품화함으로써 세계 제1의 시계회사가 되었고, 불과 10년이 못 되어 일본제 시계와 스위스제 시계는 서로 세계시장 점유율을 맞바꾸게 된다.

  사람들은 제각각 습득한 지식과 축척된 경험을 바탕으로 어떤 현상을 이해하고 받아들이는 틀(Paradigm)을 갖고 있다. 이 틀이 유연해서 외부 변화에 적절히 대응한다면 모르되 딱딱하게 경직됐다면 보석을 돌로 밖에는 못보게 된다.
  보는 만큼 느끼고, 느끼는 만큼 받아들일 뿐이다. 더욱이 필요한 만큼만…….

재주가 있으면서 어리석은 사람은 있어도 판단력을 지니고서 어리석은 사람은 절대로 없다.   라 로슈푸코 : 프랑스의 사상가

실수를 격려하자

'가만히 있으면 중간이라도 간다'는 말이 있다. 말의 뜻인 즉, '먼저 나서다 실수를 하면 안 한 것만 못하니, 나서지 말고 잠자코 있어라'라고 하는 자족적인 말일 것이다.

이런 예를 들어보자.

자전거 타기를 배운다고 하자. 한 사람은 넘어지지 않게 조심해서 타도록 주의를 받으며 배우고, 한 사람은 넘어지고 고꾸라져도 격려를 받으며 배운다면, 어느 쪽이 더 빨리 넘어지지 않고 능숙하게 자전거를 탈 수 있게 될까? 결과는 말하지 않아도 뻔하다.

승마를 배우는 사람들은 말에서 떨어질 때마다 '낙마턱'을 낸다고 한다. 말을 타다 떨어졌으니 그 만큼 승마기술이 발전된 셈이라는 뜻에서이다. 그래서 말에서 많이 떨어지는 만큼 유능한 승마 선수가 탄생된다.

서부영화에 나오는 명사수들을 연구하여 박사학위를 받은 사람이 있었다. 어떻게 하면 서부영화에 나오는 명사수처럼 조준을 하지 않고도 명중시킬 수 있는가가 논문의 주제였다. 논문이 끝날 때쯤에 그도 명사수가 되어 있었다는데, 그는 이러한 질문을 받았다.

"명사수가 되는 요령은 무엇인가요?"

그는 슬며시 웃으며 이렇게 대답했다.

"맞추든 못 맞추든 상관하지 말고 2만 발만 쏘아보세요!"

행동이 언제나 행복을 가져오는 것은 아니지만, 행동 없이는 행복은 없다.
B.디즈레일리-영국의 정치가, 소설가

책은 왜 읽나?

 인조 때 학자 조위한이 홍문관에서 숙직을 할 때의 일이다. 한 학생이 책을 읽다가 갑자기 책을 내던졌다.
 "책을 덮기만 하면 방금 읽은 것도 머릿속에서 달아나 버리니 이래 가지고야 책을 읽어 무슨 소용이람."
 이를 보고 조위한이 말했다.
 "그것은 사람이 밥을 먹어도 그것이 항상 뱃속에 남아 있는 것이 아니라 삭아서 똥이 되어 빠져 나가 버리고 그 정기만 남아서 신체를 윤택하게 하는 이치와 마찬가지라네. 따라서 책을 읽고 당장은 그 내용을 잊어버린다고 해도 무엇인가 저절로 진전되는 것이 있는 법이야. 그러니 잘 기억되지 않는다고 해서 스스로 책읽기를 포기해서야 되겠는가?

묵자(墨子)의 비유

묵자는 전국시대의 학자이다. 겸애설을 주창한 것으로 유명한데, 겸애란 '모든 사람을 평등하게 사랑하라'는 뜻이다.
한번은 자금(子禽)이라는 사람이 묵자를 찾아왔다.
"저는 말 잘하는 사람만 보면 존경하는 마음이 절로 솟아오릅니다. 그 사람들이 말을 할 때면 발음이 정확하고 태도 또한 정연하지요. 그런데 저는 어찌된 것인지 사람들 앞에 서기만 하면 다리가 후들거리고 입이 떨어지지 않습니다. 설사 입을 열었다 해도 생각과는 너무나도 다르게 표현되니 어쩌면 좋겠습니까? 제가 말을 잘 할 수 있는 무슨 뾰족한 방법이 없을까요?"
그러자 말없이 듣고만 있던 묵자가 그의 말에 대답했다.

"말이라는 것은 그다지 중요한 것이 아니오. 세상천지에 생장하는 만물들이 다들 말하고 사는 것을 보았소? 해와 달이 세상천지를 비춰도 그들은 늘 말없이 제 할 일만을 할 뿐이오. 어여쁜 화초가 비록 말은 안 해도 아름답기만 하지 않소. 수목이 말은 안 해도 그들이 우리에게 주는 이로움이 줄지는 않잖소. 사람이 아무리 언변이 좋다 하더라도 하얀 말이 까만 말이 될 수는 없는 법이오."

묵자의 말을 듣고 난 자금이 고개를 끄덕였다. 하지만 그래도 말을 잘하는 방법을 알고 싶은 생각이 들었다.

"선생의 말이 맞습니다. 그러나 말을 잘하는 능력이 있다면 유용하게 쓰이지 않겠습니까? 제가 어떻게 하면 이 방면에서 뛰어날 수 있겠는지요?"

"그대가 굳이 요청하니 내가 예를 들어 설명해 주겠소."

이 말에 자금은 귀가 번쩍 띄었다. 그는 다음 말이 떨어지기를 기다리며 묵자의 얼굴을 뚫어지게 바라보았다.

"저기 청개구리가 보이시오? 자세히 보시오. 청개구리는 물론이고 파리와 모기 등은 하루종일 쉬지 않고 소리를 냅니다. 그런데 그 소리가 아름답게 들리던가요? 이들이 하는 말은 아무런 작용도 하지 않소. 오히려 사람을 괴롭히고 있을 뿐이오. 반대로 수탉이 아무 때나 울던가요? 날이 밝기 시작할 때 여러 번 반복해서 우는 건 그대도 알고 있고, 그

닭 우는 소리를 듣고 사람들은 잠에서 깨어 하루의 활동을 시작하지 않습니까?"

자금은 묵자의 얘기를 듣고 무릎을 탁 쳤다.

"아, 이제야 알겠습니다! 그러니까 말하려고 할 때는 다시 한 번 생각하고, 말 할 필요가 없을 때는 입을 열 필요도 없다는 거군요."

묵자는 빙그레 웃음을 지으며 고개를 끄덕였다.

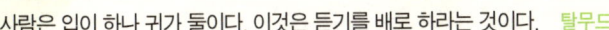

사람은 입이 하나 귀가 둘이다. 이것은 듣기를 배로 하라는 것이다.   탈무드

오랑우탄 법률가

　밀림에 동물 사회에 깊은 관심을 지니고 있는 늙은 오랑우탄이 살고 있었다.
　그런데 높다란 나무 위에 자리 잡은 집에서 내려다보이는 광경은 늘 그의 마음을 짓눌렀다. 표범은 사슴을 잡아먹었고, 뱀은 새알을 꿀꺽 삼켰으며, 독수리는 토끼를 채어갔다. 그는 밀림 공동체의 혼란과 물의를 종식시키려면 법이 있어야겠다고 생각했다.
　법은 단순하면서도 명료한 개념으로 만들어져야 마땅했다. 복잡하면 이해하기가 어려워 본의 아니게 법을 지키지 못하는 동물도 생길 수 있었다. 이렇게 생각한 오랑우탄은 똘똘한 원숭이 몇 마리를 불러 모아 법률제정위원회를 꾸렸다. 토론 끝에 위원회에서 나온 법률은 다음과 같다.

동물들은 오로지 자기보다 작은 동물만 잡아먹을 수 있다.

법률제정위원회의 오랑우탄 위원장은 흐뭇했다.
"이 정도면 누구나 이해할 수 있을 테지."
원숭이 위원들도 뿌듯했다.
"단순하면서도 설득력 있군."
법률이 공포되자 악어들과 개미핥기들은 무척 좋아했다.
그러나 불만을 나타내는 동물들도 많았다. 스라소니들은 멧돼지 사냥을 그만둘 수 없다는 이유로 법을 무시하려고 들었다. 그중에서도 가장 심하게 반발하고 나선 무리는 병정개미들이었다.
이 싸움꾼들은 앞길을 가로막는 것이라면 몸집이 크든 작든 가리지 않고 마구 먹어 치우는 데 익숙했다.
늙은 오랑우탄은 원숭이 위원들은 다시 불러 모았다.
"너무 낙심하지 맙시다. 본래 위대한 사상이 새로 나오면 대중이 쉽사리 받아들이지 않는 거라오. 우리가 지혜를 더 모으면 더 나은 법률을 마련할 수 있을 것이오."
위원회는 여러 제안을 검토해 보았으나 마땅한 것이 잘 떠오르지 않았다. 개정 법률은 밤샘 끝에야 나올 수 있었다.

동물들은 오로지 자기보다 큰 동물만 잡아먹을 수 있다.

이렇게 정해 놓으면 자기보다 몸집이 큰 동물을 잡아먹기는 어렵기 때문에 서로 죽이고 죽이는 일이 많이 줄어들 것이라는 것이 오랑우탄의 설명이었다. 원숭이 위원들은 감탄했다.

"아주 참신합니다, 진작 나왔어야 할 법입니다."

새 법률은 개미들로부터 열광적인 지지를 받았다. 스라소니도 앞으로는 법을 잘 지키겠다고 다짐했다. 그러나 이번에도 화를 내는 동물들이 적지 않았다. 특히 표범은 오랑우탄의 집으로 쳐들어와서 현실적인 법이 무엇인지 확실히 가르쳐 주겠다고 으름장을 놓기까지 했다.

오랑우탄은 원숭이들을 다시 소집할 수밖에 없었다. 위원회는 모든 동물들의 행동들을 낱낱이 검토해 보았다. 늙은 오랑우탄은 원숭이들을 독려하며 정열적으로 위원회를 이끌었다. 원숭이들이 밤참을 먹을 때에도 오랑우탄은 머리를 싸매고 개념을 정리했다. 새 법률은 위원회가 열린 지 사흘 만에야 빛을 보게 되었다.

동물들은 다른 동물을 잡아먹어도 된다.

원숭이들은 위원장인 오랑우탄에게 찬사를 보냈다.
"뭐든 하면 된다는 걸 몸소 보여 주셨습니다."
새로 바뀐 법안에는 별다른 불평이 나오지 않았다. 표범은 오랑우탄의 분석력과 종합력에 혀를 내둘렀다.
"정말 밀림의 최고 지성다워."
비록 밀림은 여전히 혼란스러웠지만 오랑우탄 법률가는 개의치 않았다. 이제 오랑우탄에게는 밀림 속의 모든 동물이 그가 만든 법을 따르고 있다는 사실이 중요한 따름이었다.

자연은 절대로 우리를 속이지 않는다. 우리들 자신을 속이는 자는 언제나 우리들이다.　　루소 : 프랑스의 철학자

오늘 하루는
내가 주인

가나안 농군학교 교장이 하루는 경주에 있는 어느 호텔에 묵었다.

경주는 외국 관광객들이 많이 찾는 곳이라 대부분의 호텔들이 전통적인 한국미를 살리기 위해 창문에 문풍지를 많이 사용했다.

그가 묵은 방도 역시 문풍지가 달린 창문이었는데, 그 문풍지가 조금 떨어져서 너덜너덜하니 보기에 흉했다. 그래서 군소리 없이 호텔의 지배인에게 문풍지와 풀을 가져오라고 했다.

지배인이 무슨 불편한 일이라도 있느냐고 물어서 문풍지 이야기를 했다. 그랬더니 지배인은 자기들이 조처하겠다고

대답했다. 그러자 그가,

"오늘 하루 묵을 방값은 내가 지불했으니 오늘 하루는 내가 이 방의 주인이오. 내방의 문풍지가 떨어졌으니 주인인 내가 바르는 게 정상 아닌가요?"

라고 대답했다.

세상에서 가장 중요한 일은 어떻게 하면 내가 온전히 나 자신의 주인이 되는가를 아는 일이다.   몽테뉴 : 프랑스의 철학자

기회가 오기만을 기다리는 사람

"이건 나에게 아무 쓸모가 없어."
소년은 항상 단호했다.
"그건 내 취미에 맞지 않아. 이것도 그다지 장래성이 있어 보이지 않는군."
부정과 거절의 의사만은 언제나 명확한 소년이었다.
그러면서도 소년은 정말로 자기가 하고 싶은 일을 할 기회가 주어지지 않는다고 불평했다. 사람들이 열정을 품고 있는 모든 일이 그에게는 너무나 하찮게만 보였다.
"세상에 뭐 그럴 듯한 게 없을까?"
소년이 친구에게 불평을 하자 친구는 말했다.
"사람들은 때로 하기 싫은 일도 해가면서 정말 하고 싶었던 일에 최선을 다해 몰입하고 있어. 100% 만족스런 일이란 세상에 없는 거야."

소년은 친구를 비웃었다.

'짧은 인생을 왜 자기가 하고 싶지 않은 일에 허비할까?'

세월이 흘러 소년은 어른이 되었다. 그러나 그는 아무것도 하지 않았다. 100%의 만족을 주는 일을 찾느라 기회만 노리고 있었다.

반면 그의 친구는 노력해서 어렵게 성공했다. 한번의 성취감은 그 친구에게 아홉 번의 시련을 참을 수 있을 만큼 도전을 주었다.

그가 우연히 성공한 친구를 만났다.

"기회의 머리는 말과 같고 꼬리는 새와 같아서 미리 준비하고 있다가 잡기는 쉬워도 잡으려면 새의 꼬리처럼 빠져나가기 쉽다네. 기회란 어느 날 바람처럼 오는 것이 아니라 오래도록 준비한 사람이 날렵하게 붙드는 것이지."

친구의 마지막 말이 오래도록 그의 귀를 떠나지 않았다.

자기를 아는 것이 최대의 지혜다.　　탈무드

소 잡는 도(道)

동양의 고전 장자(莊子) 내편의 양생주(養生主)에는 다음과 같은 이야기가 실려 있다.

포정(소를 잡아 요리하는 백정)이 문혜군(文惠軍)을 위하여 소를 잡는데, 그 손을 놀리는 것이나 어깨로 받치는 것이나 발로 내딛는 것이나 무릎을 굽히는 모양이나 쓱쓱 칼질하는 폼에는 음악성까지 느껴졌다. 문혜군이 감탄하며 말했다.

"참 잘한다. 재주가 어찌 여기까지 이를 수 있는가?"

포정이 대답했다.

"제가 좋아하는 것은 도(道)로서 그것은 기술에 앞서는 것입니다.

제가 처음 소를 잡을 때는 눈에 보이는 것이 소뿐이었습니다. 그러나 3년 후에는 소가 보이지 않았고 지금은 영감으로 대할 뿐 눈으로 보지 않습니다. 곧 감각은 멈춰버리고 영감만 작용하고 있습니다.

소 몸뚱이를 나눌 때에도 자연의 이치에 따라서 잘라냅니다. 그 기술은 뼈와 살이 합친 곳에서 걸림이 없고 큰 뼈에 부딪치지도 않습니다. 훌륭한 포정은 1년에 한 번 칼을 바꾸는데 그것은 살을 베기 때문입니다. 보통 포정은 한 달에 한 번 칼을 가는데 이는 뼈에 칼이 부딪쳐 부러지기 때문입니다. 저는 19년 동안 수천 마리의 소를 잡았지만, 칼은 항상 막 숫돌에 간 듯이 날카롭습니다.

그러나 뼈와 힘줄이 엉켜 있는 곳에서는 저도 눈길을 멈추고 천천히 행동하며 칼놀림도 매우 미묘해집니다. 그러다 고기가 갈라지고 흙덩이처럼 아래로 떨어지면 칼을 들고 사방을 둘러보며 머뭇머뭇 만족스럽게 일어나 칼을 잘 닦아 넣습니다."

백 년을 살 것처럼 일하고 내일 죽을 것처럼 기도하라.
프랭클린 : 미국의 소설가

나는 아버지의
아들입니다

링컨 대통령의 아버지, 토머스 링컨은 1637년 영국에서 이민 온 직공의 후예로 신발 만드는 직업을 가졌다. 링컨이 대통령에 선출되었을 때 그런 사실을 알게 된 상원위원들은 매우 큰 충격을 받았다. 대부분 높은 학력에 명문 귀족집안 출신이었던 상원의원들은 신발 만드는 집안 출신에다가 제대로 학교도 다니지 못한 링컨 밑에서 일해야 한다는 것이 여간 불쾌하지 않았던 것이다. 링컨이 단 앞에 서서 막 입을 열려할 때 거만해 보이는 한 상원의원이 일어나 링컨을 향해 말했다.

"당신이 대통령이 되다니 정말 놀랍소. 그러나 당신의 아버지가 신발 만드는 사람이었다는 사실을 잊지 마시오. 가끔 당신의 아버지가 우리 집에 신발을 만들기 위해 찾아오 곤 했소. 이 신발도 바로 당신 아버지가 만든 것이오."

 말을 마친 상원의원은 조롱하듯이 자기 신발을 내려다보 았다. 여기저기서 킥킥거리는 웃음소리가 새어나왔다.

 그러나 링컨은 조용히 서있었다. 키가 훤칠하게 큰 링컨의 몸집은 조금도 흔들리지 않았다. 그러나 그의 눈엔 눈물이 가득 고였다. 그것은 부끄러움의 눈물이 아니었다. 링컨은 단호한 목소리로 말했다.

 "고맙습니다. 의원님 때문에 한동안 잊고 있던 내 아버지 의 얼굴이 기억났습니다. 내 아버지는 신발 제조공으로 완벽 한 솜씨를 가지신 분이셨습니다. 나는 아버지를 능가할 수 없습니다. 다만 아버지의 위대함을 따라잡으려고 노력할 뿐 이었습니다. 나의 아버지는 많은 귀족들의 신발을 만드셨습 니다. 이 자리에 모이신 분들 중엔 내 아버지가 만드신 신발 을 신으신 분들도 계실 것입니다. 만약 신발이 불편하다면 제게 말씀해 주십시오. 아버지의 기술을 옆에서 보고 배웠기 에 조금은 손봐드릴 수 있습니다. 나는 아버지의 아들입니다. 내 아버지가 만드신 신발을 최선을 다해 고쳐드리겠습니다. 물론 제 솜씨는 돌아가신 아버지에게 비교할 수 없습니다 만……."

 상원 회의장은 무거운 침묵으로 가라앉았다.

상대성 이론

아인슈타인이 희극배우 찰리 채플린에게,
"당신의 예술은 국제적으로 유명해서 세계 어느 나라 사람이나 모두 당신을 이해하고 있습니다." 라며 칭찬의 말을 건넸다. 그러자 채플린이 이렇게 대답했다.
"고맙습니다. 그렇지만 당신의 명성은 더 더욱 굉장합니다. 당신은 전 세계가 존경하고 있지만 대부분이 당신의 학설을 모르고 있으니까요."

어떤 부인이 아인슈타인에게 상대성 원리가 무엇이냐고 물었다. 아인슈타인이 설명을 하기 시작했다.
"어느 날, 장님과 함께 산책을 하던 중에 우유가 마시고 싶다고 말했더니, 우유가 뭐냐고 묻더군요. 그래서 흰 액체라고 했더니 액체란 말은 알겠는데 '희다'는 게 무엇인지 모르겠다는 겁니다. 그래서 백조의 색이라고 대답했더니, 다시 백조가 뭐냐고 묻는 것입니다. 그래서 목이 굽은 새라고 대답했더니, 목은 알겠는데 '굽었다'는 것이 뭐냐는 것입니다. 그래서 팔꿈치를 구부려서 바로 이런 것이라고 했더니, '아아, 알았다. 이제야 우유가 무엇인지 알았다'고 하더군요."

설명을 들은 부인이 어리둥절해 하자, 아인슈타인은 어려운 학문을 잘못 설명하면 엉뚱한 답이 나온다는 것을 예를 들어 설명한 것이라고 가르쳐주었다.

후에 어떤 자리에서 아인슈타인이 설명한 상대성 이론은 이러했다.

"미인과 함께 있을 때는 한 시간이 1분으로 생각되고, 뜨거운 스토브 위에는 1분을 앉아도 한 시간으로 생각되는 것과 같은 이치라고나 할까요."

인간은 이 세상에 두 번 태어난다. 한 번은 신체적 자아의 탄생이요, 또 한 번은 나의 정신적 자아의 탄생이다. 안병욱 : 한국의 철학자

맨홀 뚜껑은
왜 동그란 **모양**일까?

'맨홀 뚜껑은 왜 동그란 모양으로 만들까?'

세계적인 컴퓨터 회사인 마이크로소프트사에서 사원을 채용할 때 하는 면접질문이다. 정말 왜 그럴까? 네모면, 직사각형이면 어떨까? 아니면 삼각형이라면?

우리 생활 주변에는 나름대로의 원리와 철학을 담고 있는 물건들이 많다. 가장 단순한 것에서 발견되는 기본적인 법칙과 질서와 지혜들은 의외로 깊이가 있는 경우가 많다. 다만 우리가 무심하게 그냥 스쳐지나가거나 의문을 느끼지 않고 있을 뿐이다.

맨홀 뚜껑은 대체로 두꺼운 철판으로 만들어져 있다. 그렇기 때문에 동그란 모양이라야 작업자들이 이리저리 굴리며 움직이기 쉽다.

또한 맨홀 뚜껑이 정사각형이라면 작업 중에 맨홀 안으로 떨어져 버릴 수도 있다. 대각선으로 말이다. 직사각형 모양이라도 마찬가지다. 또한 동그란 모양은 닫을 때 각을 맞추기 위해 애쓰지 않아도 된다.

독서는 다만 지식의 재료일 뿐이다. 지식을 자신의 것으로 만드는 것은 생각의 힘이다.　　J.로크 : 영국의 철학자, 정치학자

마음의 깨달음

가슴을 열고 모든 사람과 사물을 대할 때,
세계를 향하는 마음이 깨닫고 열린다.

일곱 개의 금 항아리

황실 이발사가 늦은 밤 집에 돌아가다가 도깨비를 만났다.
"금 항아리 일곱 개를 갖고 싶냐?"
"물론, 갖고 싶지요."
"그럼 얼른 집으로 가보아라."
단숨에 달려온 이발사는 금 항아리를 보고 기쁨에 가득 찼다.
그러나 일곱 개의 금 항아리 중 한 개에는 금화가 절반 밖에 들어 있지 않았다. 이발사는 자기의 모든 패물을 금화로 바꾸어서 그 항아리에 채워 넣었다. 그러나 항아리에는 여전히 절반 상태일 뿐이었다.
이발사는 임금님께,

"월급을 올려 주십시오."

하고 간청을 올렸다. 다행히 월급이 두 배로 올랐다. 그리하여 항아리에 금을 채워 넣는 전쟁이 또다시 시작되었다. 이발사는 더욱 굶주리고 몰골이 퇴색해져만 갔다. 이발사의 이러한 행색은 임금의 눈에도 띄었다.

"무슨 좋지 않은 일이라도 있느냐? 월급이 적었을 때에는 그리도 행복하고 흡족한 모습이더니 지금은 오히려 맥이 빠져 축 늘어진 꼴이구나. 혹시 일곱 개의 금 항아리를 가지고 있는 게 아니냐?"

깜짝 놀란 이발사가 되물었다.

"누구한테 들으셨습니까? 폐하."

"나도 일찍이 그걸 받은 적이 있었느니라. 그때 내가 그 돈을 다 쓸 수 있도록 해주거나 아니면 그냥 부족한 채로 가지고 있도록 해달라고 했더니 도깨비는 두말없이 사라져 버리더구나. 그 돈은 쓸 수 있는 돈이 아니란다. 꽉 채우고 싶은 욕심만 따라다니며 부채질하는 것이야. 지금 당장 가서 그걸 도깨비에게 돌려주어라. 그러면 다시 행복해질 것이다."

욕심은 만족을 모르는 불가사리다.
욕심은 많은 고통을 부르는 나팔이다.　　　팔만대장경

지혜의 시작

어떤 사람이 스승에게 물었다.
"현명해지려면 무엇을 해야 합니까?"
그러자 스승이 대답했다.
"밖에 나가 서 있거라."
그때 밖에는 비가 내리고 있었다. 그 사람이 되물었다.
"그것이 무슨 효과가 있겠습니까? 혹시 누가 압니까? 오히려 스승님께서 이상한 것인지 말입니다."
그는 밖으로 나가 퍼붓는 빗속에 서 있었다. 그의 옷은 흠뻑 젖었고 옷 속으로 물이 뚝뚝 흘러내렸다. 10분 후 그는 안으로 들어갔다.
"무슨 일이 일어났는가? 저곳에 있을 때 무슨 계시가 있었는가?"

스승이 물었다.

"계시라고요? 저는 제가 바보 같다고 생각했을 뿐입니다."

스승이 말했다.

"그것이 바로 계시다. 그것이 지혜의 시작인 것이야. 이제야 네가 깨닫기 시작했다. 너는 올바른 궤도에 올라온 것이다. 네가 바보라는 것을 알게 되었으니 이제 모든 일이 변하게 될 것이다."

자기의 존재에 대해서 끊임없이 놀라는 것이 인생이다.　　타고르 : 인도의 시인

보이지 않는 불

업무를 하다보면 실수든 아니든 간에 종종 문제점이 발생한다. 그러나 같은 문제점이 발생했을 때라도 사람에 따라 대응하는 방법은 각각 다르다.

문제점이 발생한 즉시 자신의 실수를 인정하고 문제점을 공유시킨 뒤 최선의 해결책을 찾는 사람, 문제점을 덮어두어 도저히 해결하기 힘든 지경에까지 이르게 만드는 사람 등등 제각각이다.

불장난을 하다가 장난감에 불이 옮겨 붙자 놀라서 다락 안으로 장난감을 던져 넣고는 다락문을 닫아버리는 어린아이를 생각해보자.

이 아이의 심정으로는 일단 불이 보이지 않아 안심했을 것이다. 하지만 장난감에 붙은 불만 끄면 됐을 것을 집 전체를 태워버리는 결과를 낳게 된다.

집 전체를 태우기 전에 장난감에 붙은 불만 끌 수 있도록 신속히 문제해결 방안을 찾는 것, 이것이 바로 실수를 인정하는 현명한 사람이 가져야 할 자세다.

모든 일은 사소한 데서부터 시작된다. 한 알의 작은 씨앗이 하늘을 찌를 만한 큰 나무로 자라는 것을 보라. 행복이나 불행, 성공이나 실패도 그 시초는 작은 일에서부터 싹이 트는 것이다.   R.W.에머슨 : 미국의 시인, 사상가

한 통에 4달러

　미국의 스탠더드 석유회사에 근무하는 사원 가운데 애치볼트라는 사람이 있었다.
　그의 별명은 '한 통에 4달러'였다.
　이런 별명이 붙은 이유가 재미있다. 출장이 잦았던 애치볼트는 언제나 출장지 호텔의 숙박부에 이상한 글씨를 써넣었다. 자신의 이름 옆에다 '한 통에 4달러, 스탠더드 석유회사'라는 회사 PR을 잊지 않는 것이다. 이런 그에게 '한 통에 4달러'라고 동료들이 붙인 별명에는 다분히 조롱과 야유가 섞여 있었다.
　그런데 그의 별명에 대한 이야기가 석유왕 록펠러에게까지 알려지게 되었다. 록펠러는 '그 정도로 회사 일에 열중하는 사원이라면 한 번 만나고 싶다'며 특별초청을 하게 된다.
　　이것이 계기가 되어 그는 록펠러의 뒤를 이은 석유왕 애치볼드가 될 수 있었다.
　　순수하고 진실한 성실성은 언젠가 빛을 발하기 마련이다.

사람은 그 자신이 무한한 열정을 품고 있는 일에서는 대부분 성공한다.
C.슈와프 : 프랑스의 소설가

나무 꼭대기에 올라

　밀림에서 치열하게 전투를 벌이다 본대에서 낙오한 병사들이 있었다.
　밀림을 탈출할 방법을 의논하던 병사들은 일단 전망이 좋은 산 정상에 올라 형세를 파악하는 것이 좋겠다는 결론을 내렸다.
　먼저 빠르게 이동하기 위해서 전체를 두 그룹으로 나누었다. 각 그룹에서 제일 빠른 선임병이 리더가 되기로 하였다. 두 그룹은 각각 다른 길로 정상을 향했다.
　한 리더는 밀림에 대해 풍부한 경험을 가지고 있었다. 그는 자신의 경험을 믿고 맨 앞에 서서 낫으로 나무숲을 헤치며 부하들을 따르게 했다. 부하들은 리더가 헤쳐 가는 길만을 따라 열심히 전진했다. 그러나 정상을 밟아보지도 못하고 지쳐버렸다.

다른 한편의 리더는 근처에서 제일 높은 나무에 올라 부하들에게 이동할 방향을 지시하였고 나무에서 내려와서는 부하들을 뒤따라갔다. 그리고 다시 나무 위에 올라 방향을 제시하고 뒤따르고 하는 방법으로 결국 정상에 도달하였다.

리더십…….

선두에 서서 밀림 속 숲 속을 용감무쌍히 헤쳐 나가는 리더보다는 높은 나무꼭대기에서 방향을 제시하는 리더가 바로 이 시대 격변하는 현실을 이끌어갈 진정한 우리들의 리더이다.

소경이 소경을 인도할 수 있느냐. 둘이 다 구덩이에 빠지지 아니하겠느냐.
신약 누가복음

승리는 인내와 끈기

 마거릿 미첼이 쓴 소설 《바람과 함께 사라지다》는 세계에서 가장 많이 읽혀진 소설 중에 하나이다. 그러나 이 소설이 처음부터 인기를 얻은 것은 아니다. 종군기자였던 그는 전쟁에서 부상당하고 고향 애틀랜타에서 5년 동안 심혈을 기울여 이 소설을 완성했지만, 어느 누구도 이 소설을 출간해 주지 않았다.
 무명작가의 소설을 출판하는 것은 모험이었기 때문이다. 미첼은 그래도 낙심하지 않고 출판사를 찾아다녔지만, 성과는 없었다. 무려 7년 동안이나 그런 노력을 기울였지만 결과는 얻지 못했다. 그러던 어느 날, 신문에 뉴욕의 대출판사인 맥밀란 출판사의 레이슨 사장이 애틀랜타를 거쳐 뉴욕으로 간다는 간단한 기사가 실렸다. 그 기사를 읽은 미첼은 원고를 가지고 애틀랜타 역으로 달려갔다. 기차에 오르는 레이슨 사장에게 어렵게 원고를 전달하면서 읽어보고 관심이 있으면 연락을 바란다는 말도 덧붙였다. 레이슨 사장은 원고를 받아 기차 선반에 올려두고 관심을 두지 않았다. 얼마 후 기차 차장이 레이슨 사장에게 전보를 배달해 주었다.

"레이슨 사장님, 원고를 읽어 보셨습니까? 아직 안 읽어보셨다면 첫 페이지라도 읽어 주세요. 미첼 올림."

그래도 레이슨 사장은 원고에 관심을 두지 않았다. 얼마 지난 후 똑같은 내용의 전보가 레이슨 사장에게 배달되었다. 그런데 얼마 뒤 같은 내용으로 세 번째 전보가 배달되었을 때 레이슨 사장은 첫 페이지를 읽기 시작했으며, 뉴욕에 도착하는 것도 모르고 내용에 심취해 있었다.

레이슨 사장은 뉴욕에 도착하자마자 소설을 출판하여 선풍을 일으켰다. 《바람과 함께 사라지다》가 빛을 본 것은 이러한 미첼의 인내와 끈기의 결과였다.

누가 가장 영광스럽게 사는 사람인가? 한 번도 실패하지 않고 살아가는 데 있지 않다. 실패할 때마다 조용히, 그리고 힘차게 다시 일어나는 데에 참된 영광이 있다.   G.스미스 : 영국의 소설가, 극작가

희망과 절망

아버지와 아들이 사막으로 여행을 떠났다.

사막은 불덩어리같이 뜨거웠고 갈 길은 멀었다. 아들이 아버지에게 이렇게 말하였다.

"아버지, 목이 마르고 지쳐서 죽을 지경입니다."

그러자 아버지는 아들을 격려하였다.

"얘야, 그렇지만 끝까지 가보아야 하지 않겠니? 얼마 안 가서 사람이 사는 마을이 있을 거야."

아버지와 아들은 계속해서 걸었다. 그러다가 두 사람은 무덤 하나를 발견하게 되었다. 아들이 말했다.

"저것 보세요! 저 사람도 우리처럼 지쳐서 마침내 죽고 말았어요. 우린 이제 절망이라고요."

그러자 아버지가 말했다.

"아니란다. 무덤이 여기에 있다는 것은 이제 희망이 있다는 거란다. 여기서 머지않은 곳에 곧 마을이 있을 것이다. 사람이 없는 곳에는 무덤도 없는 거니까."

과연 두 사람은 가까운 곳에서 마을을 발견하여 충분히 쉬고 난 후, 계속 여행할 수 있었다.

나는 언제나 모든 일의 좋은 면만을 본다. 매사에 걱정거리가 되는 어두운 면만 보는 사람이 있지만 나는 그렇지 않다. 비록 엄청난 고통에 짓눌린다 해도, 하늘이 온통 먹구름으로 뒤덮여 푸른 하늘이 한 점도 보이지 않는다 해도 괜찮다.
마리아 F 데레사 : 알바니아 출신의 인도 성녀

아스피린 한 병

    이탈리아의 어느 작은 마을에 사는 한 소년이 아프리카의 오지에서 원주민을 돌보며 생활하고 있는 슈바이처 박사에 관한 글을 읽으며 감동의 눈물을 흘렸다.
    그 후 소년은 슈바이처 박사를 도와야겠다고 마음먹었다. 하지만 아무리 생각해도 도울 수 있는 좋은 방법이 떠오르지 않았다. 며칠을 골똘히 생각하던 소년은 공군 사령관에게 한 통의 편지를 보냈다.
    혹시 아프리카를 지나는 비행기가 있으면 함께 보내는 아스피린 한 병을 낙하산에 달아 슈바이처 박사가 있는 곳에 떨어뜨려 전해달라는 부탁의 편지였다.
    편지를 받은 사령관은 소년의 착한 마음씨에 크게 감동하여 소년의 편지를 그대로 방송국에 보냈고, 그 내용은 전파를 타고 이탈리아 전 국민에게 알려졌다.

　그러자 방송국과 군부대에는 아프리카로 보내달라며 국민들이 보낸 의료용품이 산더미같이 쌓이기 시작했다. 그것들을 슈바이처 박사에게 보내기 위하여 한 자리에 모아보니 수 억 원어치나 되었다.

　후에 구호품을 전해 받은 슈바이처 박사가 말했다.
"한 소년이 이런 놀라운 일을 할 수 있다니……, 소년은 그 옛날 예수님께 물고기와 보리떡을 내놓아 수 천 명이 먹을 수 있게 한 그 소년과 똑같습니다."

십시일반[十匙一飯(여러 사람이 한 숟가락씩 내면 밥 한 그릇이 되듯이 여러 사람이 힘을 합하면 한 사람을 능히 도울 수 있다)]　　고사성어

꼼꼼한 자기 관리

미국의 고속도로망은 거미줄 같이 뻗어 있다. 그래서 고속도로 휴게실이 많은데, 휴게실에서는 간단한 음식과 음료수, 아이스크림 등을 판매한다.

휴게실 식당들은 대개 오렌지 빛 간판을 달고 있는데, 그것은 멀리서도 잘 보이도록 고안을 한 것이다. 그리고 대부분 하워드 존슨 식당이라는 이름이 씌어져 있다.

하워드 존슨은 원래 아이스크림 제조업자였는데, 이 식당 체인점을 낸 후부터 1년 매출액이 1억 달러가 넘는 백만장자가 되었다. 그렇게 부자가 되었지만 비서도 한 명 없이 고속도로를 따라 돌아다니는 것이 일이었다. 암행어사처럼 식당에 들어가서 잘 하는지 조사하는 것이었다.

어느 날, 클리블랜드에 있는 하워드 존슨 식당에 들어갔다고 한다. 종업원에게는 아무런 말도 하지 않고 다짜고짜 냉장고부터 뒤지기 시작했다. 놀란 지배인이 경찰을 불렀다. 경찰이 제지를 하자 화가 난 하워드 존슨이,
"난, 하워드 존슨이요!"
라고 외쳤다. 그러자 경찰이 이렇게 대답하였다고 한다.
"당신이 하워드 존슨이면 난 크리스토퍼 콜럼버스요."

하워드 존슨이 자신의 회사와 제품에 대해서 이런 정도의 철학과 고집을 지니고 있었기 때문에 미국에서 가장 큰 민간 식당체인이 될 수 있었다.

이 세상에는 성공을 바라는 사람이 많다. 그러나 일단 성공하는 날, 그 성공으로 어떻게 할 것인가를 배우고 연구하려는 사람은 많지 않다. 이런 사람은 성공한다고 해도 결국 권태의 제물이 되고 말 것이다.
B.러셀 : 영국의 수학자, 철학자

자기 개선의
첫걸음

　바쁜 사람 중에서도 헨리 블랙스턴처럼 바쁜 사람도 드물 것이다. 그는 미사일 전문가로 30대 나이에 아메리카 서버사의 사장이 된다.
　성공한 경영자의 자리에 올랐지만 투지에 불타는 블랙스턴은 야간학교에 다니면서 스케치 공부를 했다. 누군가,
　"도대체 무엇 때문에 스케치 공부를 하는가?"
　라고 묻자 이렇게 대답했다.
　"스케치 공부는 저의 아이디어를 직원들에게 구체적으로 설명하는 데 도움이 되기 때문입니다."
　블랙스턴은 젊어서 성공한 사람이지만, 틈틈이 시간을 내어서 레이더 기술, 외국어, 경영학, 스케치 등 여러 가지 공부

를 했다.

　성공한 사람들을 살펴보면 자기 개발을 위해 결코 공부를 중단하는 일이 없다.
　세상에서도 가장 어려운 모피 무역으로 성공한 사람인데도 이론경제학을 연구하고 있는 사람이 있다. 또, 유명한 무용수인데도 새로운 무용을 배우는 사람이 있는가 하면, 바쁜 의정 활동의 틈을 내서 연설법을 공부하는 국회의원도 있다. 기술자인데도 법률 공부를 하는 사람, 변호사이면서 마케팅 연구에 몰두하는 사람 등. 이러한 예는 헤아릴 수 없이 많다.
　왜 이 사람들은 날마다 바쁜 일에 쫓기면서 싫증내지 않고 어떻게든 시간을 내어 공부를 할까?

자기 자신에게 전력을 다하고 충실해라. 자기를 내버려 두고 남의 일에 정신이 팔려 있는 사람은 자기의 갈 길을 잃은 사람이다.
공자 : 중국 노나라의 사상가

쓸모없는 것

중국의 큰 사상가 장자에게 한 선비가 찾아 왔다. 이 선비는 장자를 못마땅하게 생각하고 있었다. 장자의 사상이 크고 높은 줄은 알겠지만 별 쓸모가 없다고 생각한 것이다.

선비가 장자에게 물었다.

"선생님의 말씀은 크고 높지만 쓸모가 없어요. 마치 저 앞에 있는 나무 같아요. 저 앞의 나무는 크긴 하지만 온통 구부러지고 울퉁불퉁해서 목수들이 쳐다보지도 않거든요."

장자가 대답했다.

"거꾸로 생각해 보게. 그 나무가 구부러지고 울퉁불퉁하기 때문에 오히려 목수들에게 잘리지도 않고 그토록 오래 살아 큰 나무가 된 것이 아닌가."

"그래도 쓸모가 없는 건 없는 겁니다."
"왜 쓸모가 없나. 햇빛이 쨍쨍한 날 그 나무의 그늘에서 많은 사람들이 시원하게 쉴 수 있는데."
그러자 선비는 아무 말도 못하고 물러갔다.

내가 있다는 것, 이것이 모든 것의 출발이며 빛의 근원이며 존재의 바탕이다.
김형석 : 한국의 철학자

마음이 열림

마음을 열고 세상을 대하면,
인간과 세상의 이치가 통하며,
그런 이야기에 우리는 감동받게 된다.

황금색 오렌지와 검정고양이

중국에 마음 착한 동생과 못된 언니가 살았다. 언니는 부자집에 시집가고 동생은 가난한 산지기에게 시집갔다. 언니가 비단으로 지은 옷을 입고 맛있는 고기를 먹을 때 동생은 누더기 옷을 입고 간신히 죽을 먹었다.

날마다 산에 올라가 손등을 긁히면서 나무를 꺾어다가 팔아서 먹고사는 동생은 그나마 나무가 잘 팔리면 좋았는데 팔리는 날도 있고 안 팔리는 날도 있었다. 팔리지 않은 나무를 이고 집으로 되돌아올 때는 목이 몸속으로 들어갈 듯이 고단했다.

머리를 내리누르는 나무의 무게는 발걸음을 더디게 만들었다. 누구를 원망할 줄도 모르는 착한 여자는 그저 피나는 고생이 서러워 울며울며 고개를 넘곤 했다. 그런데 나무가 팔리지 않는 날이 자꾸 많아졌다. 동생은 돌아오는 길에 몇 번이나 나뭇단을 바다 속에 던져버렸다.
　그러던 어느 날 역시 팔리지 않은 나무를 바다에 넣으려고 바닷가에 우두커니 섰는데 물 속에서 용녀가 나왔다.
　"용왕님의 분부로 부인을 모시러 왔습니다. 저를 따라 오십시오."
　용녀는 친절하게 용궁 길을 안내하면서 살며시 귀뜸해 주었다.
　"용왕님이 무슨 선물을 원하느냐고 물으시면 검정고양이를 달라고 하세요."
　착한 동생은 용녀가 일러준 대로 검정고양이 한 마리를 얻어가지고 집으로 돌아왔다. 그리고 용왕의 말대로 매일 팥 다섯 홉을 먹였다. 그러면 고양이는 꼭 다섯 홉씩 똥을 누웠는데, 그 똥이 모두 황금덩어리였다.
　동생은 금방 부자가 되었다. 이 소문을 듣고 달려온 언니가 검정고양이를 달라고 했다. 마음씨 착한 동생은 언니에게 고양이를 내주었다. 자기 집으로 돌아간 언니는 검정고양이에게 하루에 매일 팥을 한 되씩이나 먹였다. 하루 한 되씩 황금을 누길 바랬지만 매일 팥을 한 되씩 먹은 고양이는 말라서 죽고 말았다.

동생이 죽은 고양이를 찾아다 묻어주었는데 그 무덤에 오렌지나무가 돋았다.

이미 가지고 있는 것에 불만을 느낀다면 온 세상을 자기의 것으로 만든다 해도 불만족할 것이다.　**세네카 : 고대 로마의 철학자**

선인의 제단 위에 **핀** 가짜 꽃

중국의 유명한 시인 백낙천(중국 당나라 때의 시인으로, 〈비파행〉〈장한가〉 등의 시를 남겼다)이 작은 고을 군수로 있을 때의 일이다.

어느 여름날, 고을에 있는 절에 놀러 갔는데 그 절의 주지스님이 반색을 하며 말했다.

"마침 잘 오셨습니다. 도대체 본 적도 없는 꽃이 하나 피었는데 무슨 꽃인가 봐 주십시오."

주지스님이 이끄는 대로 따라가 보니 옥색과 흰빛이 어우러진 공처럼 둥근 꽃이었다.

백낙천은 한참 동안 유심히 그 꽃을 바라보았다. 그도 처음 보는 꽃이었다. 잠시 생각하다가 시 한 수를 지어서 주지스님께 보여주었다.

어느 해였을까
선인의 제단 위에 심어졌던 꽃이
이 절로 옮겨 온 것은
비록 이 꽃이 인간 세상에 있으나
사람들이 이름을 모르니
그대와 더불어 자양화라 이름 짓노라

이렇게 해서 자양화는 수국(水菊)의 또 다른 이름이 되었다. 한 가지 재미있는 것은 수국은 꽃이 작고 형편없다. 실제로 꽃처럼 보이는 넓은 잎은 꽃이 아니라 악편(꽃받침)이다. 이 극성맞은 악편에 둘러싸여서 실제 수국은 제 구실도 못한다. 그런데 모이고 모인 악편은 꽃인 양 으스대면서 소담스런 꽃으로 보이고 곤충을 불러 모으기도 한다.

미는 감추어진 자연법칙의 표현이다. 자연의 법칙은 미에 의해서 표현되지 않았다면 영원히 감추어져 있는 대로였을 것이다.　괴테 : 독일의 시인, 극작가

생쥐 스승

옛날 어느 마을에 한 소녀가 살고 있었다. 이 소녀는 어머니께서 심부름을 시키면 언제나,
"싫어요. 왜 이런 일을 시켜요?"
라며 짜증만 내었다. 어머니가 어떤 고생을 하던 제 몸만 편히 지내려고 하는 것이었다. 이 소녀의 나쁜 행실은 온 동네와 학교에 알려져 친구도 없었다.

어느 날 소녀가 골방에 앉아 있는데, 방 한구석의 쥐구멍에서 생쥐 한 마리가 나왔다. 생쥐는 방에 쌀알이 흩어져 있는 것을 보고는 다시 쥐구멍으로 들어갔다. 잠시 후 그 생쥐는 눈이 먼 어미 쥐를 데리고 조심조심 나오더니 쌀을 먹을 수 있게 해주었다. 자기는 혹시 사람이 오지 않나 지켜주

는 것이었다. 먹이를 다 먹자 생쥐는 어미 쥐를 데리고 다시 쥐구멍으로 들어갔다. 목숨까지 내놓은 생쥐의 효성을 보고 자기는 쥐만도 못하다는 생각이 들어 갑자기 부끄럽게 느껴졌다.

　이후 그 소녀는 마음을 고쳐먹고 어머니의 말씀을 잘 듣는 착한 사람이 되었다고 한다.

　세상에 생쥐보다 못한 사람이 어디 한 두 명이겠는가? 그러니 모든 동물과 사물이 모두 사람의 스승이 될 수 있지 않겠는가?

삼인지행 필유아사[三人之行 必有我師(세 사람이 함께 길을 가면 그 중에는 반드시 나의 스승이 있다)]　　공자 : 중국 노나라의 사상가

술 취한 코끼리

최근 아프리카에서는 희한한 일이 발생하고 있다. 코끼리들의 음주 사건이 커다란 골칫거리로 대두되고 있다는 것이다.

인적 없는 깊은 밀림에 떨어진 과일들이 썩어 발효되어 천연의 술 웅덩이가 만들어진다. 코끼리들이 그 술맛을 보고 맛에 취해 또 다른 술 웅덩이를 찾아서 집단으로 이동하는가 하면 심지어 인근 브랜디 제조공장을 급습하여 양조장에 심각한 피해를 끼치고 있다니 참으로 어처구니없는 노릇이다.

술 취한 코끼리들은 초원에 벌렁 드러누워 코를 골며 자기도 하고 술주정까지 부린다고 한다. 이들 코끼리의 평균 주량은 한 마리당 1회 맥주 20병 정도라고 한다.

　우리 주위에는 술 취한 코끼리들이 없는지……. 이성으로 통제가 되지 않을 정도로 술을 마시는 사람들은 술 취한 코끼리와 다를 바가 없다. 정말로 조심해야 할 일이다.

술을 마시는 것은 일시적인 자살이다. 음주가 갖다 주는 행복은 단순히 소극적인 것, 불행을 일시적으로 중단시키는 것에 불과하다.
B. 러셀 : 영국의 수학자, 철학자

죄인을 만드는 매

황희 정승이 어느 날 집에서 쉬게 되었다. 복잡한 국사를 떠나 모처럼 집에서 쉬는지라 긴장이 풀려 깜박 낮잠에 빠졌다가 달그락거리는 소리에 눈을 떴다. 누운 채로 소리가 나는 쪽을 쳐다보니 선반 위에 쥐 두 마리가 무엇인가를 천천히 움직이고 있었다.

유심히 살펴보니 쥐들은 선반 위의 접시에서 배를 운반하는 것이었다. 미물에 불과한 하찮은 쥐들이 지혜롭게 협력해서 배를 운반하는 것이 신기하여 그냥 내버려두었다. 쥐들이 그 배를 가지고 어디론가 사라져 버리자 황희 정승은 다시 잠이 들었다.

얼마나 잤는지 모르지만, 밖에서 들려오는 계집종의 울음

소리에 잠이 깨었다. 계집종은 무슨 잘못을 했는지 정경부인에게 매를 맞고 있었다.

"네 짓이 분명하렷다!"

"흑흑…… 아닙니다. 마님! 제가 그러지 않았사옵니다."

"그럼, 선반에 있던 배가 어디로 갔단 말이냐? 네 짓이 분명한데도 나를 속이고 있으니 바른 말을 할 때까지 치겠다."

정경부인의 매질은 계속되었다.

계집종은 울면서 자신의 결백을 주장했지만, 정경부인은 믿으려 하지 않았다. 잘못을 하지 않은 계집종이 고통스럽게 매질을 당하자, 황희는 진실을 알려주어야겠다고 생각하고 자리에서 일어섰다. 그때 계집종의 다급한 목소리가 들려 왔다.

"마님, 제가 죽을 죄를 지었습니다. 배는 제가 먹었습니다. 용서해 주십시오. 흑흑흑……."

그 소리를 들은 황희는 무엇인가로 뒤통수를 세차게 맞은 듯한 기분이었다.

황희는 그 길로 입궐하여 세종임금을 배알하고 자기가 본 것을 자세하게 아뢰었다. 그리고 나서 갇혀 있던 죄인들 중에 죄진 증거가 확실하지 않은 자들을 방면해 줄 것을 주청했다. 그러자 세종은 즉시 죄수들 중에 증거가 확실하지 않은 사람들을 방면했다.

황희는 그 신기한 쥐들의 사건으로 인하여 매가 없는 죄도 만든다는 것을 깨달은 것이다. 가장 대표적인 예가 고문으로 죄를 만들어내는 것이다.

진실은 언제나 가까운 곳에 있다. 다만 사람들이 그것에 주의를 기울이지 않을 뿐이다. 언제나 진실을 찾아라. 진실은 우리를 기다리고 있다.
파스칼 : 프랑스의 과학자, 사상가

돛새치의 지도력

　바다에 사는 고만고만한 물고기들이 지도자를 뽑기로 했다. 막판까지 남은 후보는 둘이었는데, 잘생기고 운동신경도 뛰어난 돛새치와 늙은 거북이었다.
　더러는 오랜 경험을 바탕으로 바다 속의 갖은 어려움을 슬기롭게 헤쳐 나갈 거북이 지도자로서 더 알맞다고 생각했다. 그러나 물고기 종류를 비롯한 대다수 바다 동물은 거북이 너무 못생긴 것이 마음에 걸렸다. 더구나 느릿느릿 움직이는 거북의 뒤를 따라다녀야 한다는 것도 썩 내키지 않았다.
　결국 지도자로 뽑힌 것은 돛새치였다. 물고기들은 그의 멋들어진 자태에 환호했다. 돛새치는 머리 앞쪽으로 뻗어 나온 길고 뾰족한 주둥이 덕분에 다른 물고기들보다 훨씬 빨리 물살을 가를 수 있었다. 돛새치가 지느러미를 활짝 펼치고 파도를 헤치며 물위로 뛰어오르는 광경은 특히 환상적이었다. 저런 지도자를 따라 바다를 누비고 다니면 얼마나 기분이 좋을까. 물고기들은 생각만 해도 가슴이 벅찼다.

돛새치가 지도자로 나선 뒤 물고기들의 생활이 다채로워진 것은 틀림없었다. 무리는 울긋불긋한 산호초 바다에서 북극 언저리의 거친 바다까지 이르지 않는 곳이 없게 되었다. 파도 위로 펄쩍 뛰어오르는 지도자의 멋진 그림자가 비칠 때마다 그들은 뿌듯한 자부심을 느꼈다.

물론 모든 물고기들이 한결같이 만족스러울 수는 없었다. 그 중에는 아무리 애를 써도 돛새치의 날랜 움직임을 따라잡을 수 없는 것들도 있었다. 무리에서 처진 것들은 상어밥이 되기 마련이었다.

돛새치는 가끔 무리를 위험한 곳으로 이끌기도 했다. 하루는 열대 바다에서 사나운 창꼬치들에게 둘러싸이는 바람에 작은 물고기들이 떼죽음을 당하는 일이 생겼다. 그래도 처음에는 지도자를 탓하는 소리가 높지 않았다. 어쨌든 돛새치는 직접 뽑은 지도자였고, 그 나름대로 일을 하고 있었다. 그는 지도자로서 여전히 멋진 자태를 보여 주었으며, 가시고기나 오징어들이 돛새치만큼 힘차고 날래지 못한 것은 누구의 잘못도 아니었다.

어느 날 지도자를 따라 차가운 북쪽 바다에 이른 무리는 느닷없이 범고래들과 마주쳤다. 범고래는 상어도 피해 다니는 무시무시한 고래였다. 그 자리에서 몇 만 마리나 되는 물고기가 꼼짝없이 고래 밥이 되고 말았다.

"대체 어떻게 돌아가고 있는 거야?"

운 좋게 살아남은 바다 물고기들이 마침내 불만을 터뜨렸다.

"지도자는 우릴 어디로 데려갈 생각이지? 무슨 계획이라도 있느냔 말이야!"

"저는 바다 위로 다니는 동안 밑에 있는 우리한테 무슨 일이 벌어지는지 알기나 하는 거야?"

한동안 아무도 입을 열지 않았다. 잠시 후 문어가 고개를 들면서 중얼거렸다.

"이제 그 늙은 거북을 찾아봐야겠어. 거북은 우리랑 비슷하잖아. 바다 위로 날아다닐 수도 없고 말이야."

주변에 모여 있던 무리가 고개를 끄덕였다. 그들은 거북을 새 지도자로 추대하기로 뜻을 모았다.

그러나 돛새치는 아래쪽 추종자들이 떠나버린 것도 모르고 여전히 바다 위로 날렵하게 헤엄쳐 다닐 뿐이었다. 돛새치 곁에는 날치 몇 마리만 촐싹거리며 뒤를 따르고 있었다.

비밀의 노예

랍비인 이븐 가비로르는,
"비밀이 당신 손 안에 있는 한 당신이 비밀의 주인이지만 일단 입 밖으로 나가 버린 뒤에는 당신이 비밀의 노예가 된다."
고 주장하였다.

인간의 값어치는 비밀을 어느 정도로 지킬 수 있는가에 따라 측정한다. 그 사람이 얼마나 사려 깊고 신뢰성이 있는가도 시험할 수 있다.

일단 비밀을 갖게 되면 그것을 이야기하고 싶은 충동심을 느끼는 것이 사람의 마음이다. 비밀을 알고 있음으로 해서 사람들의 눈길을 끌고 싶어한다. 비밀을 말할 때 다른 사람들의 관심을 모을 수 있으므로 위대해진다고 생각한다.

그러나 남에게 들은 비밀을 또 다른 사람에게 이야기한다는 것은 비밀을 말해준 사람을 배반하는 것이다. 자기가 비밀을 털어놓은 상대를 믿는 것처럼 행동하지만 사실은 자신이 비밀을 알고 있음을 널리 퍼뜨리고 싶은 마음이 있는 것이다.

말하기 전에 두 번 생각하라. 그리고 먼저 자신에게 그것을 말해보라
E. 허버트 : 영국의 철학자

마흔 아홉 명을 살린 제갈공명의 지혜

만두는 중국인들이 좋아하는 대표적인 중국 음식 중에 하나이다. 만두의 기원에 대해서는 여러 가지 이야기들이 있지만 제갈공명으로부터 시작되었다는 이야기가 제일 많이 알려져 있다.

중국에서는 지금의 베트남, 라오스 등의 남쪽지방을 남만이라고 부르고, 이 지역에 사는 민족을 남쪽 오랑캐라는 뜻으로 남만족(南蠻族)이라고 불렀다.

중국 삼국시대에 남만 지역의 맹장으로 맹획이라는 사람이 있었다. 남쪽 정벌에 나선 촉나라 제갈공명은 맹획을 제압하고 촉나라에 충성하고 조공을 받치도록 만들었다. 여기서 맹획을 일곱 번 사로잡았다 일곱 번 놓아주었다는 야사가 만들어지기도 했다.

　남쪽지방 정벌을 마치고 돌아오던 제갈공명의 군대가 사천(四川) 지방의 여강(濾江)을 건널 때였다. 갑자기 천둥이 몰아치고 태풍이 불면서 폭우가 쏟아졌다. 제갈공명의 군대는 도저히 강을 건널 수가 없었고, 다른 길을 찾을 수도 없었다.

　길이 막혀 난처해하고 있는데 제갈공명에게 맹획이 한 가지 방법을 제시하였다. 이것은 수신(水神)이 장난을 치는 것이므로 마흔 아홉 개의 사람 머리를 바쳐야 한다는 것이었다.

　그 방법이 확실하다고 해도 마흔 아홉 명의 살아있는 사람의 목을 벨 수는 없었다. 고민에 빠져있던 제갈공명이 좋은 묘안을 떠올렸다.

　밀가루를 반죽하여 만인(蠻人;오랑캐)의 머리모양으로 만들고, 속에는 소를 잡아서 소고기를 넣게 하였다. 이렇게 가짜 머리 마흔 일곱 개를 강에 던지자 강은 거짓말처럼 잔잔해졌다.

　이렇게 밀가루를 빚어서 만든 머리를 '만인의 머리'라 하여 만두라 부르게 되었다고 한다. 비록 야사에 전해지는 이야기지만 사람을 아끼는 마음과, 지혜를 짜내면 사람의 목숨이라도 건질 수 있음을 알 수 있다.

셔츠 차림이 된
공연장

가난한 지휘자가 있었다.

공연이 있는 날 밤, 한 벌뿐인 낡은 예복을 입고 지휘대에 올랐다. 정열적인 지휘와 함께 감미로운 연주가 울려 퍼졌다. 그런데 지휘에 너무 몰두하다 보니 지휘자의 낡은 예복 솔기가 투두둑 터지고 말았다.

1막이 끝나자 지휘자는 할 수 없이 겉옷을 벗고 흰 셔츠만 입은 채 지휘를 하였다. 관객은 술렁대기 시작했다. 웃음소리가 새어나왔다.

그때였다.

맨 앞자리에 앉아 있던 점잖은 신사가 겉옷을 벗었다. 그러자 차례차례 모든 사람들이 겉옷을 벗는 것이었다. 공연은 훌륭하게 끝나고 셔츠차림의 지휘자가 관객을 향해 돌아섰을 때 지휘자는 깜짝 놀라지 않을 수 없었다.

관객 모두는 셔츠 차림으로 우뢰와 같은 박수를 보내고 있었다.

나는 다른 사람의 행동을 비웃거나 탄식하거나 싫어하지 않았다. 오로지 이해하려고만 하였다. **스피노자 : 네덜란드의 철학자**

행복해지는 비결

어느 날 어떤 불행한 사람이 석가모니를 찾아가 하소연을 했다.
"저는 되는 일이라곤 하나도 없으니 왜 이렇게 불행합니까?"
그러자 석가모니께서 대답했다.
"그것은 남에게 베풀지 않았기 때문이다."
"저는 아무 것도 가진 게 없는데 뭘 베푼단 말입니까?"
"아무 것도 없어도 베풀 것은 일곱 가지가 되느니라."
그를 위해 석가모니는 재물 없이 베풀 수 있는 일곱 가지를 설법하셨다. 석가모니께서 말하신 무재칠시(無財七施)가 바로 그것이다.

첫째, 마음을 줘라.
둘째, 몸으로 협력하라.
셋째, 좋은 면만 바라보라.
넷째, 밝은 웃음을 보여줘라.
다섯째, 좋은 말만 써라.
여섯째, 겸양의 미덕을 보여줘라.
일곱째, 끝마무리를 잘 해라.

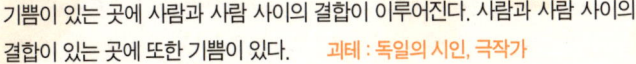

기쁨이 있는 곳에 사람과 사람 사이의 결합이 이루어진다. 사람과 사람 사이의 결합이 있는 곳에 또한 기쁨이 있다.   괴테 : 독일의 시인, 극작가

사랑의 도미노

 캘리포니아의 어느 조그만 마을에 법대에 다니고 있는 흑인 청년이 있었다. 그는 집이 매우 가난했기 때문에 공부하면서 가족의 생계를 유지하기 위해 주유소에서 일을 해야만 했다.
 흑인 청년이 주유소에서 일한 지 며칠이 지난 후, 주유소 주인은 이상한 점을 발견했다. 주유소를 찾는 많은 사람들이 백인에게서만 휘발유를 사려고 하면서 흑인 청년을 피하는 것이었다. 주인이 흑인 청년을 고용한 뒤에 매상이 뚝 떨어지자 그 청년을 해고시키려고 했다. 이를 안 이웃의 한 여인이 주인에게 물었다.
 "이 청년을 고용하고 나서 몇 사람의 고객을 잃은 것 같습니까?"

"글쎄요. 한 20명 정도는 될 것 같습니다."

"제가 만약 20명의 새 고객을 끌어들인다면 저 청년을 계속 고용하시겠습니까?"

여인이 이렇게 말하자 주인은 별 생각 없이 그러겠노라고 말했다. 주인은 설마하니 여인이 새 손님을 데려오리라곤 생각하지 못했다. 그저 얼마 있다가 흑인 청년을 해고할 생각이었다. 그런데 얼마 후, 그 주유소에 많은 사람들로 북적였다. 모두 기름을 사기 위해 온 사람들이었다. 주인은 매우 놀라 이웃집 여인을 찾아갔다.

"지금 주유소엔 많은 사람들로 꽉 찼소. 어떻게 된 일입니까?"

"저는 이웃의 몇몇 부인에게만 도와달라고 얘기했을 뿐인데, 아마도 그 부인들이 또 다른 사람들에게 얘기를 전했나 봅니다."

그 후 흑인 청년은 공부를 마칠 때까지 주유소에서 일할 수 있었다.

사랑은 친절이다. 친절은 인간의 결점 목록에 이웃 사람의 허물을 끼워 넣지 않는다.　　L. 보로스 : 헝가리의 철학자

우정의 열매

도시에서 놀러온 소년이 시골의 강에서 헤엄을 치다가 발에 쥐가 나는 바람에 위험한 상황에 빠졌다.

살려 달라는 소리를 들은 한 시골 소년이 생명의 위험을 무릅쓰고 뛰어들어 그를 구해냈다.

그 후에 그들의 우정은 깊어 갔다.

시골에 놀러온 소년이 자신의 생명을 구해준 소년에게 장래의 희망을 물었더니 의학공부를 하고 싶다고 했다. 그 소년은 자신의 부모와 상의하여 의학공부를 다 마칠 수 있도록 시골 소년을 힘껏 도왔다.

그 시골 소년이 바로 페니실린이라는 새 약을 발견한 알렉산더 플레밍(Alexander Fleming)이다.

플레밍은 1945년에 노벨상을 받았다.

그가 구해 주었고 동시에 도움을 받은 도시 소년도 크게 장성하여 훌륭한 인물이 되었다. 그런데 그가 그만 폐렴으로 쓰러져 생명이 위독하게 되었다.

그때 플레밍 박사가 발견한 페니실린이 급송되어 그를 다시 살려냈다.

우정은 함께 누림으로써 번영의 빛을 더해주고, 나누어 가짐으로서 역경의 짐을 가볍게 한다.　키케로 : 고대 로마의 정치가

돼지와 암소

한 부자가 지혜로운 사람을 만나서 이렇게 불평했다.
"내가 죽은 다음에 나의 전 재산을 자선기금에 기부하기로 한 것을 이미 알고 있으면서도 사람들은 왜 나에게 인색하다고 비난합니까?"
그러자 지혜로운 사람이 웃으며 돼지와 암소 이야기를 들려주었다.

어느 날 돼지가 암소에게,
"나는 왜 이렇게 인기가 없을까? 사람들은 항상 너의 온순함과 친절함만 이야기한단 말이야. 너는 우유와 크림을 준다. 그러나 나는 더욱 많은 것을 준다. 나는 햄과 베이컨을 주고

털도 주고 심지어는 내 발을 소금에 절이기까지 한다. 그런데도 아무도 나를 좋아하지 않는다. 나는 단지 돼지일 뿐이다. 왜 그럴까?"

라며 한탄하였다. 암소는 잠시 생각하다 이렇게 말했다.

"글쎄, 아마 나는 살아 있는 동안에도 주기 때문 일거야."

내가 진실로 너희에게 이르노니 한 알의 밀알이 땅에 떨어져 죽지 아니하면 한 알 그대로 있고 죽으면 많은 열매를 맺느니라. 자기 생명을 사랑하는 자는 잃어버릴 것이요, 이 세상에서 자기 생명을 미워하는 자는 영생하도록 보존하리라.
신약성서 요한복음

마음의 주인

세상일에 떠돌다 보면,
마음이 어디에 떠다니는지 알지 못하기도 한다.
그럴 때 주위를 잘 살피면, 마음을 찾을 수 있다.

재미있는 머피의 법칙

머피의 법칙은 잘못될 가능성이 있는 것은 반드시 잘못되고야 만다는 것인데, 예상과는 달리 일이 꼬일 때 자주 사용되는 표현이다.

서울 시내에 거주하는 시민 5백 명을 대상으로 머피의 법칙 베스트 5를 전화로 조사한 결과를 보면 다음과 같다.

[1위 시험의 법칙]
공부를 안 하면 몰라서 틀리고, 어느 정도 하면 헷갈려서 틀린다.

[2위 택시의 법칙]
급해서 택시를 기다리면 빈 택시는 반대편에만 나타난다. 기다리다 못해 반대편으로 건너가면 먼저 있던 건너편에서 빈 택시가 온다.

[3위 직장의 법칙]
다음에 열심히 해보자고 했지만 다시 해 볼 기회가 없다.

[4위 시계의 법칙]
자명종 시계를 오전 6시에 맞춰두면 오후 6시에 울린다.

[5위 전화의 법칙]
기다리는 전화는 신발 끈까지 다 묶고 나가려는 순간에 울린다.

이 외에도,
[미팅에 나가 '저 애만 안 걸렸으면' 하는 애가 꼭 짝이 된다.]
[그 동안 짝사랑하던 마음을 정리하고 나면 그때부터 접근해 온다.]
[선생님이 잊어버리지 말라고 재미있는 예를 들어 설명해

주면 본론은 잊어버리고 꼭 그 예만 생각난다.]
　등이 있었다. 한편 직장인들은,
　[운전하다 기름이 떨어져 주유소를 찾으면 주유소는 꼭 반대편에 나타난다.]
　[바겐세일에 가보면 꼭 사려는 품목이 세일 제외 품목이다.]
　[공중화장실에 가서 제일 짧은 줄에 서면 꼭 안에 있는 사람이 큰일을 보는지 오래 걸린다.]
　등을 꼽았다.

만일 좋은 기회가 찾아오지 않는다면 스스로 좋은 기회를 만들어 내라.
S. 스마일즈 : 영국의 사회학자

우리라니?

두 사람이 여행을 하고 있었다.
그 중 한 명이 길에서 값비싼 보석이 든 보따리를 주웠다.
옆에 있던 친구는 기뻐하며,
"우리가 이렇게 귀한 것을 손에 넣었으니 이제 남은 여행은 고생하지 않아도 되겠군."
라고 말했다. 그러자 그 보따리를 주운 친구는 냉정하게 잘라 말하는 것이었다.
"우리라니? 언제 자네가 이 보따리를 주웠나? 자넨 괜히 기분 좋아할 일이 없을 텐데……."
친구는 얼굴만 벌개질 뿐 할말을 잃었다.
얼마쯤 걸어가고 있을 때 뒤쪽에서 소리가 들려 왔다. 돌아보니 많은 사람들이 몽둥이를 들고 달려오고 있었다.

 "우리 보물을 훔쳐간 도둑들이 저기 간다. 빨리 저놈들을 잡아서 혼내주자."

 사실 그들이 보석을 훔친 것은 아니었지만 붙잡히면 곤란해질 것이 분명하였으므로, 두 사람은 있는 힘을 다해 도망쳤다. 그러나 그들은 강가에 다다르게 되어 더 이상 도망칠 수가 없었다. 보따리를 주운 사람이 주저앉으며 말했다.

 "아, 이제 우리는 끝장이야. 우린 이제 꼼짝없이 저들에게 잡혀 혼이 날 거야."

 그러자 이 말을 듣고 있던 친구가 쏘아붙이는 것이었다.

 "우리라니? 자네가 끝장이지. 보따리를 주운 사람은 우리가 아니라 자네 아닌가?"

한 친구를 얻는 데는 오래 걸리지만 잃는 데는 잠깐이다.
J. 릴리 : 영국의 극작가

어디에나 성공의 싹은 있다

캘리포니아 사막지대에서 흔히 볼 수 있는 두 가지 종류의 새가 있다. 하나는 독수리처럼 생긴 큰 새인데 죽은 짐승의 썩은 고기를 먹고 산다. 또 다른 새는 황금색 새인데 사막에 핀 꽃을 보면 쏜살같이 내려와서 꽃 속에 든 꿀을 먹고 산다.

똑같은 날개를 가지고 사는 새이지만 하나는 썩은 고기를 찾아다니고, 다른 하나는 꽃의 꿀을 찾아다닌다.

우리 인생도 마찬가지이다. 어떤 사람은 죽은 시체와 같은 어두운 면, 불안과 고통만 바라보며 태양을 등지고 산다. 그러나 어떤 사람은 언제나 긍정적인 생각을 가지고 태양을 향하여 빛 가운데에서 사는 것이다.

방향 전환을 해야 한다. 언제나 적극적인 자세를 가지고 사는 사람이 성공할 수 있다.

　냉소적이고 부정적인 사람은 어디를 가든지 성공하기 힘들다. 성공하는 사람은 무엇인가 잘된 것이 있으면 끝까지 따라가서 성공의 요인을 찾아 배우는 사람이다. 우리는 언제나 적극적이고 긍정적인 의식구조를 거쳐야 하겠다.

　1960년 로마올림픽에서 에티오피아 근위대 중위였던 아베베는 맨발로 뛰어서 올림픽의 꽃인 마라톤 금메달을 목에 걸었다. 그로부터 4년 뒤인 1964년 도쿄올림픽에서 아베베는 또 다시 금메달을 땄다. 이번에는 운동화를 신고 뛰었고, 올림픽 사상 처음으로 마라톤을 2연패하였다.

　아베베는 1969년 교통사고를 당해서 하반신이 마비되어 휠체어를 타고 다니는 장애인이 되었다. 사람들은 이제는 더 이상 올림픽에서 그 모습을 볼 수 없을 줄 알았다. 그러나 1970년 노르웨이에서 개최된 눈썰매 크로스컨트리 대회에 아베베가 다시 나타났고 금메달을 땄다. 이어서 1970년의 장애자 올림픽에서도 아베베의 모습을 볼 수 있었다.

　이것이 성공하는 인간의 의지이다.

　우리에게는 가능성이 있다. 무한한 가능성이 개인에게서 솟아난다.

엘리베이터 거울

오래된 아파트 엘리베이터에 대한 이야기다. 낡아서 속도가 너무 느린 엘리베이터를 기다리는 주민들의 불편이 계속 터져 나오자 비용부담이 되더라도 새로운 엘리베이터로 교체하기 위해 본격적으로 논의가 시작되었다.

교체를 한다면 어떤 제품을 설치할 것이며, 각 제품의 가격 및 특징은 어떠한지 그리고 세대 당 비용부담은 얼마나 되는지에 대해서도 구체적으로 살펴보았다.

그러던 중 어떤 사람이 주민들이 느끼는 불편함의 정체가 정확히 무엇인지에 대해 되짚어 볼 필요가 있다는 생각을 가지게 되었다. 그가 조사한 결과에 의하면 불편함의 원인이 엘리베이터의 느린 속도가 아니었다. 그 보다는 엘리베이터를 지루하게 기다리고 있는 시간이 자신을 위해 사용되지 못하고 완전히 낭비되고 있다는 생각 때문인 것을 알았다.

그는 엘리베이터를 기다리는 동안에 주민들이 자신을 위해 할 수 있는 무언가를 마련해 준다면 불편이 사라질 것이라고 판단하였다. 그는 엘리베이터를 기다리는 장소에 큰 거울을 붙여 놓았다. 그러자 정말로 주민들의 불편이 차츰차츰 사라진 것이다.

거울을 통해 옷매무새도 고쳐보고, 머리카락도 쓸어 넘겨 볼 뿐만 아니라, 표정도 새롭게 지어보는 등 엘리베이터를 기다리는 동안에도 자신을 위해 시간을 활용한다는 생각을 하게 된 것이다.

결국 거울 하나가 많은 비용이 소요되는 엘리베이터 교체를 대신하게 된 것이다. 문제의 핵심을 짚어내는 일은 이처럼 중요하다. 불씨의 근원을 해소하지 않은 채 번지는 불길을 잡으려고 따라다니는 것은 많은 노력이 투여되지만 결과는 미봉책일 뿐이다.

일을 바르게 처리하는 방법은 한 가지뿐이지만 일을 바르게 보는 데도 한 가지 방법뿐이다. 곧 일 전체를 보는 것이다.　　J. 러스킨 : 영국의 사상가

명마의 뼈

옛날 한 임금이 신하를 시켜 1천금을 주고 천리마를 구해 오도록 했다. 그런데 얼마 후 출장을 다녀와서 임금님 앞에 내놓은 것은 뜻밖에도 죽은 말의 뼈였다. 그것도 5백금이라는 큰 돈을 치렀다는 것이다.

크게 노한 임금에게 신하가 아뢰었다.

"죽은 명마의 뼈를 비싼 값에 사들일 정도로 명마를 아끼시는 임금님의 마음이 천하에 널리 알려졌을 것입니다. 조만간에 살아있는 천리마를 팔러오는 이들이 있을 것인즉 크게 화내실 일이 아닌 줄 사료되옵니다."

임금은 무릎을 치며 노여움을 풀었다. 과연 그로부터 1년도 채 되지 않아 천하 명마를 팔려고 온 사람이 세 명이나 되었다고 한다.

'매사마골(買死馬骨)'은 귀중한 것을 얻기 위해서는 먼저 공을 들여야 한다는 뜻의 사자성어다. 아울러 '눈을 들어 멀리 볼 것'을 깨우쳐주는 고사이기도 하다. 어려운 때일수록 죽은 명마의 뼈를 살 수 있는 용기와 지혜가 필요하다.

목적이 없이 산다는 것은 위험하다. 또 목적이 있더라도 그것이 보잘것없는 것이라면 역시 위험하다. 왜냐하면 목적이 분명치 않거나 보잘것없는 것은 죄악 가까이에 서있기 때문이다.   J. 워나메커 : 미국의 사업가

연꽃에는 좋은 향기가 없다

옛날 아라비아에 푸른 샘물이 나오는 우물터를 가진 예쁜 아가씨가 살고 있었다. 이 우물이 누가 판 것이고 왜 그 아가씨의 소유가 되었는지 아무도 모른다. 다만 샘물은 무척 차고 맛이 있어서 먼 사막길을 걸어 온 행인들은 너도나도 이 샘물을 찾아와서 물을 사서 마셨다. 이 물은 한 번 마시면 다시 목마르는 법이 없었다.

하루는 거지 같은 청년이 와서 물을 청했다. 마음씨 착한 아가씨는 돈을 못 받을 사람으로 보였지만 돈 내는 손님을 대하듯 물을 떠서 주었다.

사실 이 청년은 거지차림으로 돌아다니면서 나라 사정을 살피고 있던 왕자였다. 그가 거지차림으로 나선 이래로 이렇게 친절한 대우를 받은 것은 처음이었다. 왕자는 감사의 표시로 간직하고 있던 마법의 향수병을 몰래 꺼내서 물바가지에 향수 한 방울을 떨어뜨렸다. 그 후로 그 바가지로 물을 마시는 사람들은 모두 향기로운 물을 먹게 되고 아가씨의 물장사는 더욱 잘 되었다.

얼마 후 거리에 큰 광고가 붙었다. 신부감을 구하기 위해서 전국을 순례 중인 왕자가 곧 이 마을에 온다는 내용이었다. 왕자가 마을에 오면 푸른 샘물을 마시러 우물터에 올 것이라는 소문이 퍼졌다. 이 마을의 욕심쟁이 태수는 자기 딸을 왕자의 눈에 들게 하려고 우물터에 앉히고 샘물의 주인 아가씨를 다른 곳으로 쫓아버렸다.

마음씨 착한 아가씨는 울면서 다른 곳으로 쫓겨났고 우물터에서는 태수의 딸이 앉아서 왕자를 기다리고 있었다. 딸도 아버지를 닮은 욕심쟁이였다. 샘물을 아무에게도 주지 않고 물 달라는 사람에게 마구 욕을 퍼부었다.

어느 날 거지 차림을 한 왕자가 우물터에 나타나서 샘물을 달라고 청하자 태수의 딸은 마구 욕을 하며 비웃었다. 전후사정을 짐작한 왕자는 아무 말도 없이 물러나왔다.

며칠이 지난 후에 드디어 왕자의 행차가 우물터에 이르러서 샘물을 청하자 태수의 딸은 황금 그릇에 물을 떠서 얌전히 바쳤다. 왕자는 샘물에 입을 대더니 물바가지가 다르다고 옛 물바가지가 아니면 물을 마시지 않겠다고 했다. 태수가 급히 샘물의 주인 아가씨를 찾아 나서서 연못가에서 그녀를 발견하였다. 태수는 물바가지만 빼앗고 아가씨는 연못에 빠뜨려 죽여 버리고 말았다.

　아가씨에게 빼앗은 바가지에 태수의 딸이 물을 담아가자 왕자는 향내에 흡족하며 물그릇의 주인을 불러들이라고 명령했다. 태수의 부하가 왕자에게 물그릇의 주인이 연못에 빠져 죽었다고 하자 깜짝 놀란 왕자는 연못으로 달려갔다. 그러나 아가씨는 찾을 수 없었고 죽은 아가씨가 변한 커다란 연꽃이 피어있었다. 그러나 향기 나는 물바가지를 빼앗겨 버렸기 때문에 연꽃에서는 좋은 향기가 나지 않았다.

모든 아름다움 속에는 무엇인지 모를 균형의 기묘함이 들어있다.
F. 베이컨 : 영국의 수필가, 철학자

다모클레스의 칼

미국대통령 케네디는 연설에서 핵무기를 가리켜 '인류에게 다모클레스의 칼'이라고 불렀다.

다모클레스의 칼이란 그리스 전설에 나오는 말이다.

다모클레스는 기원전 5세기경 시칠리아에 있었던 도시국가 시라쿠사의 왕이었던 디오니시우스 1세(기원전430~367년)의 신하였다. 다모클레스는 항상 왕의 화려한 자리를 부러워하였다. 하루는 디오니시우스 1세가,

"네가 그렇게 부러워하는 이 왕좌에 하루 동안 앉아보아라."

고 말하며 왕의 옷을 입혀주었다. 그리고 왕처럼 융숭한 대접도 받게 해주었다.

그토록 부러워했던 왕좌에 앉자 기뻐서 어쩔 줄 몰라 하던 다모클레스가 무심코 천장을 쳐다보았다. 그런데 한 가닥의 머리카락에 매달린 날카로운 칼이 그의 머리 바로 위에서 대롱대롱 매달려있는 것이 아닌가. 다모클레스는 그 칼을 보고 혼비백산하여 왕좌에서 뛰쳐나오고 말았다.

화려한 권력의 자리가 겉보기와 달리 그리 편안하지도 못하며 그곳에 앉아 있는 사람은 항상 위험에 직면하고 있음을 암시해 주는 말이 곧 '다모클레스의 칼'이다.

핵이 평화적으로 이용되어 많은 이익을 주기도 하지만, 핵무기란 이름으로 바뀌게 되면 다모클레스의 칼처럼 언제 들이닥칠지 모르는 위험인 것이다.

인간이 수행할 수 있는 가장 큰 도덕은 전쟁을 거부하는 용기이다.
A. 할러 : 스위스의 시인

풀꽃과 친하려면

얼마 전 산행에서 완연한 봄기운에 그 자태를 뽐내는 갖가지 풀꽃들의 모습을 관찰하던 중이었다.

그런데 풀꽃은 발밑에 있고, 나는 위에서 내려보기 때문에 그 모습을 잘 볼 수가 없었다. 결국 풀꽃의 제 모습을 보려면 풀의 자세로 몸을 낮추어야 한다는 것을 깨달았다.

1센티미터도 채 안 되는 크기의 꽃송이를 가까이 들여다보면서 '세상의 어떤 생명이 또는 어떤 기계가 이보다 더 정교하고 이보다 더 조형적이고 이보다 더 빛깔이 고울까' 하는 생각이 들었다.

하지만, 그냥 발 아래로 내려다 볼 때는 풀꽃의 이런 정교함이나 아름다움을 볼 수 없었다.

상대방을 이해하기 위해서 그 사람의 자세로 맞추어 보는 것, 바로 그 사람의 진정한 아름다움을 발견할 수 있는 가장 좋은 방법이다.

기고만장하게 행동하느니보다 허리를 굽히는 것이 슬기로움에 더 가깝다.
W. 워즈워스 : 영국의 시인

화려한 1등, 잊혀져 가는 2등

요즘은 2등이 없는 시대다.

'세계 1등이 아니면 아무도 기억해 주지 않는다'는 광고는 마치 '2등을 꼴찌와 같다'는 논리로 추락시키고, 어렵게 살아온 기성세대와 말없이 성실하게 살아온 대다수 소시민에게는 소외감마저 안겨주고 있다.

아파트 주변 유치원부터 각종 학원에 이르기까지 막무가내로 경쟁의 마당으로 내몰리는 아이들의 얼굴에서 무서운 경쟁의 모습이 보인다. 다윈의 '적자생존의 법칙'을 운운하지 않아도 '삶이란 살아남기 위한 경쟁이며 어쨌든 이기고 봐야 한다'는 극단의 논리가 무섭게 퍼지고 있다.

그러나 1등은 결과가 아니다. 1등은 과정인 것이다. 진정으로 역사에 남을 수 있는 것은 페어플레이 정신으로 진정한 경쟁대열에 함께 있었던 2등, 3등…….
　1등을 향한 과정의 중요성, 1등에 뒤쳐진 2등의 공로 그리고 꼴찌에게 베풀 줄 아는 1등의 아량 등 이 모두가 바로 진정한 1등이 갖추어야 할 자질임을 잊지 말아야겠다.
　화려한 1등이 되기 위해서 먼저 잊혀져 가는 2등을 기억할 수 있는 넉넉한 마음의 여유부터 길러 나가야겠다.

우리는 때때로 한 사람의 성공보다는 그의 실패에서 더 많은 것을 배운다.
H. 롱펠로우 : 미국의 시인

나는 당연히
황금을 택하겠습니다

중국 신강지역에 소수민족인 위그루 족이 살고 있다. 위그루 족에 아반티라는 현자가 있었다. 그는 모든 문제에 대해 명쾌한 논리와 답변으로 해결책을 제시해 줌으로써 후세에 삶의 기준이 될 고사를 많이 남겼다.

어느 날, 돈 많은 지주가 아반티를 찾아와서 물었다.

"한 쪽엔 황금이 많이 있고, 다른 쪽엔 정의가 많이 있다면 당신은 무엇을 선택하겠습니까?"

그러자 아반티는,

"나는 당연히 황금을 택하겠습니다."

라고 대답하였다. 지주가 말하길,

"나는 정의를 택하겠습니다. 왜냐하면 황금은 벌기가 쉽지만 정의는 얻기가 힘들기 때문이죠."

아반티가 대답하였다.

"사람은 자기에게 부족한 것을 가지고 싶은 것이 인지상정입니다. 나는 이미 정의로운 사람이니 황금이 더 필요한 것이고, 역으로 당신은 황금은 많이 있지만 정의로운 점은 조금도 없으니 정의를 선택한 것입니다."

정의는 자기에게 어울리는 것을 갖고 자기에게 어울리도록 행동하는 것이다.
플라톤 : 고대 그리스의 철학자

천려일실(千慮一失)

　한나라 유방의 명을 받아 대군을 이끌고 조(趙)나라로 쳐들어간 한신(韓信)은 결전을 앞두고,
　'적장 이좌거(李佐車)를 사로잡는 장병에게는 천금을 주겠다'는 방을 내걸었다. 지덕(知德)을 겸비한 이좌거를 살리고 싶었기 때문이었다. 결전 결과 조나라는 괴멸하였고, 이좌거는 포로가 되어 한신 앞에 끌려 나왔다.
　한신은 손수 포박을 풀어준 뒤 상석에 앉히고 주연을 베풀어 위로했다. 그리고 한나라의 천하통일에 마지막 걸림돌로 남아 있는 연(燕)나라와 제(齊)나라에 대한 공략책을 물었다. 그러나 이좌거는, '패한 장수는 병법을 논하지 않는 법[패장군병불어(敗將軍兵不語)]'이라며 입을 굳게 다물었다.

한신이 재삼 정중히 청하자 그는 이렇게 말했다.

"패장이 듣기로는, 지혜로운 사람이라도 많은 생각을 하다보면 반드시 하나쯤 실책이 있고[지자천려 필유일실(智者千慮 必有一失)], 어리석은 사람이라도 많은 생각을 하다보면 반드시 하나쯤은 득책이 있다[우자천려 필유일득(愚者千慮 必有一得)]고 했습니다. 그러니 패장의 생각 가운데 하나라도 득책이 있으면 이만 다행이 없을까 합니다."

그 후 이좌거는 한신의 참모가 되어 크게 공헌했다.

자신의 똑똑함만을 지나치게 내세우는 사람은 하나쯤의 실책인 천려일실로 모든 것을 망쳐버린다. 그것을 방지하기 위해서는 항상 겸손하게 자신의 생각을 되돌아보는 버릇을 길러야 한다.

당신은 자신에게 적당하다고 여겨지는 자리보다 낮은 자리를 잡아라. 다른 사람으로부터 '내려앉으시오'라는 말을 듣느니보다는 '올라앉으시오'라는 말을 듣는 편이 낫다. **탈무드**

마음이 가는 곳

마음을 열고 지혜를 받아들이면,
생각이 흐르는 대로 행동해도 거침이 없다.
그곳이 바로 지혜가 머무는 곳이기 때문이다.

삶의 긴장을 잠시 늦추며

 어떤 사람이 어린아이들과 함께 유치한 장난감을 가지고 놀고 있는 이솝 선생을 보았다. 그 사람은 이솝 선생의 점잖지 못한 거동을 비웃고 조롱했다. 이솝 선생은 그 사람의 건방진 태도를 대꾸하는 대신 현악기의 활을 집어 들더니 활줄을 느슨하게 풀어 다시 땅바닥에 놓았다. 그리고 자기를 비웃는 그 사람에게 물었다.
 "자, 이 수수께끼를 풀어 보시오. 이 느슨해진 활이 무엇을 뜻하는 것 같소?"
 이 사람은 이솝 선생의 질문에 대답을 할 수가 없었다.
 이솝 선생이 말했다.
 "계속 활줄을 팽팽하게 해놓으면 끝내 그 활은 부러지고 마오. 그러나 평소에 활줄을 늦추어 놓으면 다음 연주할 때 더 잘 쓸 수 있을 것이오."

　그 사람은 '활 같이 팽팽한 삶의 긴장을 잠시 늦추는 것이 좋지 않겠냐'는 이솝 선생의 생각을 그제야 깨달을 수 있었다.

두 눈을 감고 그대 자신을 느껴라. 더 이상 무엇이 필요하단 말인가? 아! 너무 벅차구나. 깊은 감사의 마음이 솟아난다. 이것이 휴식이다. 휴식이란 지금 이 순간이 그 어떤 기대나 요구보다도 충만함을 의미한다.
라즈니쉬 : 인도의 철학자

그밖에는
알 바 아닙니다

어떤 사람이 먼 곳을 다니러 가면서 하인에게 분부하였다.
"문을 잘 지키고 나귀와 밧줄을 잘 살펴라."
주인이 떠난 뒤 이웃집에서 풍류놀이 하는 소리가 들렸다. 하인은 그것이 듣고 싶어 가만히 있을 수가 없었다. 하인은 문을 떼어내서 밧줄로 묶더니 나귀 등에 얹고 놀이터에 가서 그 풍류를 들었다.
하인이 나간 뒤에 도적이 와서 집안의 재물을 모두 훔쳐 갔다.
주인이 돌아와 하인에게 물었다.
"재물은 모두 어쨌느냐?"
하인은 대답하였다.

"어르신께서 아까 저에게 '문'과 '나귀'와 '밧줄'을 부탁하였습니다. 그밖에는 제가 알 바가 아닙니다."

주인은 다시 말하였다.

"너를 남겨두고 문을 지키라 한 것은 바로 재물 때문인데, 재물을 모두 잃었으니 문은 어디다 쓸 것인가?"

견지망월[見指忘月(달을 보라고 달 쪽으로 손가락 짓을 하였더니, 달은 보지 않고 손가락만 본다)]   사자성어

호랑이의 재판

꾀꼬리와 부엉이와 까마귀 세 놈이 각기 자기 소리가 제일 듣기 좋다고 싸움을 하다가 결론이 나지 않자, 산중의 호랑이에게 판단을 맡기기로 했다.

호랑이가 무슨 일로 왔느냐고 묻자, 세 놈은 앞 다투어서 자기들이 싸우던 이야기를 하면서 또 다시 자기 소리가 제일 아름답다고 주장했다. 이 사연을 자세히 들은 호랑이는 아무 이유도 대지 않으면서 오늘은 판단을 내려주지 못하겠다고 말했다. 세 놈은 다시 자기들이 노래를 부를 테니 듣고 판단을 내려 달라고 애걸하였다. 그러자 호랑이는 아파서 기운이 없으니 15일 후에 다시 오라고 해서 모두 돌아왔다.

까마귀라는 놈이 가만히 생각하니 아무리 날고뛰어도 자

기의 노래가 꾀꼬리만은 못한 것을 알았다. 15일 후면 보기 좋게 지고 말 것을 생각하니 기가 막혔다. 오랜 궁리 끝에 한 가지 간계가 떠올랐다.

배고픈 호랑이에게 무엇이 필요하냐는 것이었다. 배를 불려 주자고 생각한 까마귀는 꾀꼬리와 부엉이가 모르게 살짝 개구리를 물어다 호랑이에게 주었다.

이 일을 15일 동안 꾸준히 계속 했다. 드디어 15일이 모두 지났다.

다시 세 놈은 호랑이를 찾아갔다. 호랑이는 재판을 하기 위해 편편한 들로 나갔다.

호랑이 왈, 꾀꼬리는 소리는 묘하기는 하지만 교활하고, 부엉이 소리는 장하기는 하나 슬프고, 까마귀 소리는 탁하긴 하지만 웅장하니 까마귀 소리가 제일 좋다고 하였다.

재판할 때는 낯을 보아주는 것이 옳지 못하니라. 무릇 악인더러 옳다 하는 자는 백성에게 저주를 받을 것이요, 국민에게 미움을 받으려니와 오직 그를 견책하는 자는 기쁨과 좋은 복을 받으리라. **구약성서 잠언**

어머니의 사랑

한 청년이 사랑에 빠졌다.

청년이 사랑한 처녀는 얼굴이 아주 예쁘지만, 성질이 아주 표독스러웠다. 게다가 잔인한 취미까지 가지고 있었다. 처녀는 자기를 사랑한다면 그 증거로 그의 어머니의 심장을 가져다 달라고 말했다. 사랑에 눈 먼 총각은 망설이긴 했지만, 결국 어머니에게서 심장을 빼앗았다. 그는 심장을 가지고 자기가 사랑하는 처녀를 만나기 위해 달려갔다. 달려가다가 돌부리에 넘어지고 말았다. 넘어진 청년의 손에 들려 있던 어머니의 심장이 걱정스러운 목소리로 말했다.

"애야, 어디 다치지는 않았느냐?"

마음속의 도둑

하루에 아름드리나무 한 그루씩을 베어서 장작으로 만들어 파는 나무꾼이 있었다. 그 나무꾼은 성능이 좋은 도끼 한 자루를 매우 귀중히 여기며 살았다.

날마다 싱싱하게 물이 오른 나무를 베어내야만 했으므로 그에게는 날이 잘 선 도끼야말로 훌륭한 보물과 다름없었다.

그러던 어느 날, 그는 보물처럼 아끼던 도끼를 잃어버리고 말았다.

언제 어디서 잃어버렸는지 도무지 짐작이 가지 않아 애를 태우고 있던 그는 이웃집 소년을 범인으로 지목하기에 이르렀다. 이웃집 소년의 태도가 어딘지 모르게 수상쩍었던 것이다. 한번 그 소년에 대해 의심을 품기 시작하자 어딘지 모르게 그 소년의 태도가 이상하기만 했다. 어쩌다가 눈이 마주치기만 해도 소년이 허둥지둥 달아나는 것 같았으며 공연히 자기를 피해 다니는 것만 같았다.

"틀림없이 저 녀석 짓이야. 혼찌검을 내주어야겠군."

이렇게 벼르고 있던 어느 날 나무꾼은 헛간을 청소하다가 우연히 잃어버렸던 도끼를 찾게 되었다.

그런데 도끼를 찾고 난 후에 이웃집 소년을 보니 아무런 수상한 점도 발견할 수가 없었다. 요모조모 뜯어보아도 그 소년의 모습은 천진난만하게만 보였던 것이다.

남이 나를 속인다고 하지마라. 사람은 언제나 자기가 자기를 속이고 있다. 그대의 생각이 올바른 중심을 벗어나서 자기를 괴롭히고 있다.

괴테 : 독일의 극작가

어른들은 숫자를 좋아한다

어른들은 숫자를 좋아한다. 어른들에게 새로 사귄 친구에 관해 이야기를 하면 제일 중요한 것은 도무지 묻지를 않는다. 그분들은,

"그 친구의 목소리가 어떠냐? 무슨 장난을 제일 좋아하느냐? 나비 같은 걸 채집하느냐?"

이렇게 묻는 일은 절대로 없다.

"나이가 몇이니? 형제가 몇이냐? 몸무게가 얼마나 나가느냐? 그 애 아버지는 얼마나 버느냐?"

이것이 그분들이 묻는 말이다. 그런 것을 알아야 친구를 아는 줄로 생각한다.

만약 어른들에게,

"창틀에는 제라늄이 피어있고 지붕에는 비둘기들이 놀고 있는 아름다운 붉은 벽돌집을 보았다."

고 말하면 그 분들은 그 집이 어떻게 생겼는지 생각해내질 못한다.

"1억 원짜리 집을 보았어."

라고 해야 한다. 그러면,

"거 참, 굉장하구나!"

하고 감탄한다. 생떽쥐베리의 동화 같은 소설 《어린왕자》에 나오는 말이다.

사람은 눈앞에 보이는 것만 바라보고 살아가는 것이 아니다. 좀더 먼 곳을 바라보며 미래 속에 잠긴 꿈을 바라보며 살아간다. 우리는 현재보다 좀더 아름다운 것을 바라고 좀더 보람 있는 것을 바란다.   R. 릴케 : 독일의 시인

돈이 보이는 사람들

마크 트웨인이 젊었을 때는 밥 한 끼를 해결할 수 없을 정도로 가난했다. 어느 날 식당 앞에서 맛있는 음식을 구경만 하고 있는데, 훌륭해 보이는 사냥개 한 마리가 그의 옆에 서서 꼬리를 흔들었다.

트웨인이 발길을 돌려 나오는데, 사냥개도 졸졸 따라왔다. 멋쟁이 신사 하나가 개를 보더니 트웨인더러 개를 팔라고 했다.

"3달러만 주면 팔지요."

멋쟁이는 두말없이 3달러를 내고서 개를 끌고 식당으로 들어갔다. 사거리로 나오는데 사방을 두리번거리는 신사 한 사람을 만났다.

"혹시 개를 찾고 있지 않습니까?"
"예, 검정색 새퍼드를 찾고 있는데요. 혹시 보셨나요?"
"3달러만 주신다면 곧 찾아드릴 수 있어요."
마크 트웨인은 6달러가 생겼다. 그는 식당으로 멋쟁이를 찾아갔다.
"아무래도 개와 떨어질 수 없군요. 3달러를 돌려 드리겠습니다."
트웨인은 개를 주인에게 돌려주었다. 마크 트웨인이 가끔 그 일을 자랑한 건 양심에 가책없이 3달러를 거뜬히 벌었다는 자부심 때문이었다.

앤드류 카네기가 엄마를 따라 채소가게에 갔다. 새빨간 앵두가 어린 카네기의 가슴을 설레게 했다. 앵두만 뚫어지게 바라보던 소년을 보고 가게 주인이 한 줌 집으라고 했다. 어린 카네기는 고개를 살레살레 저었다. 주인이 다시 물었다.
"앵두가 싫으냐?"
"아니요. 아주 좋아해요. 아저씨!"
"그럼 사양하지 말고 집어라."
카네기는 주인의 얼굴만 빤히 쳐다볼 뿐이었다.
'이 소년은 수줍음을 너무 많이 타는구나. 이 아이는 남의 물건에 손대지 않는구나……'

139

주인은 감동했다.

다시 한 번 집어가라고 권해도 움직이지 않는 이 꼬마에게 주인은 앵두 한 웅큼을 집어 모자에 넣어주었다. 가게를 나와서 어머니가 물었다.

"넌 왜 아저씨가 한 줌 가져가라고 할 때 집지 않았어? 아저씨 수고만 더 끼치게 하고……."

"아저씨 손이 내 손보다 훨씬 크잖아요."

돈은 돌고 돌아서 돈이라는 우스개 말이 있다. 돈이 돌고 도는 것은 사실이지만 돈을 알아보는 눈을 지닌 사람은 따로 있는 듯하다. 트웨인과 카네기는 1835년에 태어나 소년 때 인쇄공과 직조공 생활을 하면서 어렵게 자랐다. 1910년과 1919년에 각기 세상을 뜨기까지 한 사람은 작가로서 미국 국민문학의 대부가 되었고, 또 한 사람은 세계 철강산업을 움직이는 강철왕이 되었다.

일을 하는 것은 마치 우물을 파는 것과 같다. 비록 아홉 길을 팠다 해도 샘물이 나오는 데까지 미치지 못한다면 우물을 포기함과 같다.
맹자 : 중국 전한시대의 학자

젊은이의 눈물

옛날에 노모를 모시고 농사를 지으며 살던 젊은이가 있었다. 그런데 자신의 생활에 싫증을 느낀 젊은이는 성공하겠다는 푸른 꿈을 안고 무작정 고향을 떠나게 되었다.

한참을 떠돌다가 한 도사를 만나게 되었다. 젊은이는 도사에게 제자로 삼아 줄 것을 간청하였다.

도사는 지그시 눈을 감으며 자신은 젊은이에게 가르쳐 줄 것이 없다며 고개를 저었다. 그리고는 길을 가다보면 옷을 뒤집어 입고 신발을 거꾸로 신은 사람을 만날 것이며, 그 사람이 젊은이를 훌륭하게 키워줄 것이라고 말한 뒤에 바람처럼 사라져 버렸다.

도사의 말을 듣고 젊은이는 길을 재촉하였으나 도사가 말

141

한 그 사람은 나타나지 않았다. 심신이 지친 그는 발걸음을 고향으로 되돌렸다.

  때는 여름인지라 고향에 계신 노모는 이제나 저제나 자식이 되돌아오기만을 학수고대 하였는데, 그때 멀리서 자식이 돌아오는 것을 보고 너무도 반가운 마음에 옷은 뒤집어 입고 신발은 발가락에 거는 둥 마는 둥 거꾸로 신고 뛰어나가 자식을 맞이하였다.

  훌륭하게 키워줄 것이라고 도사가 말한 그 사람은 바로 자신의 어머니였다.

  젊은이는 무릎을 꿇고 깊은 참회의 눈물을 흘렸다.

  진정으로 알고 있는가? 어머니야말로 부처님이요, 예수님이요, 하늘 같은 분이라는 것을!

온갖 실패와 불행을 겪으면서도 인생의 신뢰를 잃지 않는 낙천가는 대개 훌륭한 어머니의 품에서 자라난 사람들이다.   A. 모로아 : 프랑스의 소설가

돼지 같은 회장님

어느 날, 유명한 대기업의 회장이 삼척에서 대졸사원들 30여명과 함께 식사를 하고 있었다.
"내가 어떻게 생겼는가?"
회장의 장난기가 또 발동했다. 엉뚱한 질문, 거기에 대한 사람들의 반응 그리고 때로 받게 되는 신선한 충격 등 일련의 과정을 즐기는 것은 회장의 몇 안 되는 취미 중의 하나였다.
"영화배우 같습니다."
"사무라이 같습니다."
"인자하신 할아버지 같습니다."
이들은 신문에 발표됐던,「재계회고」등을 읽은 정보통들

이었다. 이런 정보에 기초해서 여러 가지 인상에 대한 평을 쏟아냈다. 대개 회장이 듣기를 원한다고 생각하는 말들이었다. 회장은 아무런 대꾸도 없이 곱빼기 냉면을 벌써 두 그릇째 비우고 있을 따름이었다. 그때, 한 사람이 구석에서 불쑥 말한다.

"돼지 같습니다."

냉면 사발을 입에 붙이고 면발을 입에 넣던 회장이 문득, 활동사진이 스틸사진으로 바뀌듯 동작을 정지한다. 드디어 오늘 질문이 성공한 것이다.

그 직원의 대답에 식당 안에 잠시 동안 긴장감이 돌았으나 회장이 불쾌감을 보이지 않자, 터져 나오는 웃음으로 식당이 떠나갈 듯했다.

진정한 유머는 머리에서 나온다기보다 마음에서 나온다. 그것은 웃음에서 나오는 것이 아니라 더 깊이 잠겨 있는 조용한 미소에서 나온다.
T. 카알라일 : 영국의 비평가, 수필가

호랑이 다루는 법

중국 주나라 선왕(宣王)의 동물 사육원에 양앙(梁鴦)이라는 사육사가 있었다. 양앙은 아무리 사나운 맹수라도 유순하게 길들이는 재주로 소문이 자자했다. 양앙이 점점 늙어가자, 귀한 재주가 사라지는 것이 아깝다고 생각한 선왕은 모구원(毛丘園)이라는 사람에게 양앙의 재주를 이어받도록 하였다.

양앙이 모구원에게 말하기를,

"나는 비천한 사육사일 뿐입니다. 당신에게 전할 특별한 비법 같은 것은 없습니다. 그러나 아무 것도 없다고 하면 왕께서는 내가 숨긴다고 생각할지도 모르니 호랑이 기르는 요령에 대해서 한마디 말씀드리지요.

호랑이는 대체로 비위를 맞춰주면 좋아하고 비위를 거스르면 싫어합니다. 이것이 혈기를 가진 동물들의 기질이지요. 그러므로 호랑이의 배고픔과 배부른 때를 잘 가려 호랑이가 성을 내는 이유를 꿰뚫어 보아야 합니다.

호랑이와 사람은 같은 종류의 동물은 아니지만, 호랑이가 자기에게 먹이를 주는 사람에게 아양을 떠는 것은 그 사람이 자신의 비위를 잘 맞춰주기 때문이지요. 그러니 내가 어찌 호랑이 비위를 거슬러서 화를 내게 하겠습니까?

그렇지만 무조건 비위를 맞춰서 기쁘게만 하려고도 하지 않습니다. 왜 그런가 하면 대체로 노함과 기쁨은 조화와 중용을 잃어 한쪽으로 치우친 감정이기 때문입니다. 지나치게 기쁘게만 한다면 호랑이의 마음이 쉽게 노함으로 바뀔 수 있습니다. 저는 덮어놓고 호랑이의 뜻을 거슬러 성을 내게 하지도 않고, 또 호랑이의 뜻에 따라 기쁘게만 하려고도 하지 않습니다. 그러니 호랑이는 나를 친구로 여기는 것입니다."

사람들 사이에서도 자신을 싫어하거나, 정도 이상으로 친절을 베푸는 사람에게는 경계심을 품게 된다. 양쪽 다 부담을 주기 때문이다. 우리는 흔히 편안한 사람을 좋은 사람이라 생각하며 가까이 하기를 원한다.

이 고사는 《열자(列子)》〈황제편〉에 나오는 고사이다. 편안함이란 바로 자연스러움이고 진심임을 비유하고 있다. 아무리 호랑이 같은 사람이라도 진실한 가슴으로 대하는 데야 어찌 그 날카로운 발톱을 들이대겠는가.

다른 사람을 대할 때 그 사람의 몸도 내 몸같이 소중히 여기라. 내 몸만 귀한 것이 아니다. 남의 몸도 소중하다는 것을 잊지 말라. 그리고 네가 다른 사람에게 바라는 일을 네가 먼저 그에게 베풀어라.　　공자 : 중국 노나라의 학자

모기와 사자

모기가 사자에게 다가와 말했다.
"네가 나보다 더 힘센 표정을 하고 있지만, 사실 말이지 나는 너 정도의 힘은 별로 무섭다고 생각해 본 적이 없다고. 원한다면 지금 나하고 한 판 겨뤄보아도 좋아."

사자는 모기의 말에 어이가 없었다. 숲속의 왕인 자기를 무서워하지도 않을뿐더러 문제없이 이길 수 있다고 장담하고 있으니 말이다. 사자는 모기의 말 같지도 않은 말에 이렇게 대답했다.

"해 보겠다면 어디 한 번 해봐. 너희들이 아무리 떼를 지어 몰려온다 해도 눈 하나 까딱할 줄 아니?"

이 말이 끝나기 무섭게 모기들이 떼를 지어 사자에게로 덤

벼들었다. 콧등이며, 눈 가장자리, 발바닥 할 것 없이 털이 나지 않은 곳이면 모기들이 사정없이 물어뜯었다. 모기들에게는 사자의 그 무서운 이빨이나 큰 발톱은 아무 소용도 없었다. 사자가 항복하지 않을 도리가 없었다.

그러나 사자를 무찌르고 의기양양하게 집으로 돌아오던 모기떼들은 그만 거미줄에 걸려 죽게 되고 말았다. 모기들은 죽으면서 이렇게 한탄했다.

"아휴, 숲속의 왕 사자와 싸워서 이겼는데, 고작 거미 같은 것에게 잡혀 죽다니, 정말 억울하다."

인간은 본래 약하다. 그러나 대개 사람들은 자신을 약한 존재라고는 생각하지 않는다. 자기는 지혜로운데 어쩌다 속고 실수를 하였다고 생각한다. 자신이 약하다는 것을 자세히 바라보는 사람은 이미 그 약한 지점에서 한 걸음 나선 것이다.
파스칼 : 프랑스의 과학자, 철학자

지혜의 열림

삶을 겸허하게 받아들이라,
그곳에 아름다움이 있으니,
지혜와 삶이 다르지 않기 때문이다.

탄생의 신비

미국의 병원에서는 남편이 분만실에 들어가 아내의 출산 과정을 함께 할 수 있도록 배려한다. 산모에게는 커다란 위안을 주고 처음으로 아빠가 되는 남편에게는 평생 잊지 못할 귀중한 경험을 갖게 하기 위한 배려이다.

남편은 자신의 아이가 세상에 나오는 힘든 과정을 처음부터 끝까지 지켜보면서 아내의 산고를 이해하고 탄생의 신비를 체험한다.

힘든 출산이 끝나고 간호사가 아이를 산모 곁에 눕히면 의사는 자신이 일하는 위치에 켜져 있는 조명만 남기고 나머지 실내등은 모두 끈다. 그런 다음 아이가 눈을 뜨는 순간을 보라고 한다.

불이 꺼져서 주변이 어두워지면 아이는 거짓말처럼 눈을 뜬다. 이렇게 아이가 세상에 나와 처음으로 아빠와 눈을 마주치는 극적인 순간을 경험하게 해주는 것이다.

아빠는 그 순간 말로 설명할 수 없는 생명의 기쁨과 함께 아이를 위해서라면 뭐든지 하겠다는 강렬한 '삶의 의욕'을 느낀다. 아마 아빠는 평생 그 순간의 감동을 잊지 못할 것이다. 아빠의 감동은 거기서 끝나지 않고 이어진다. 간호사가 아빠에게 아이를 안고 신생아실까지 가도록 배려한다.

아빠는 따뜻한 체온이 느껴지는 자신의 아이를 처음으로 안고 걸으면서 아이와 숭고한 '탄생의식'을 경험한다.

산부인과에서의 이런 배려는 단순히 아이의 탄생과정을 보여주려는 뜻이 아니다. 생명의 탄생을 경험하고 느끼는 것이 아이와 아빠에게 엄청난 감동을 주는 동시에 삶에 대한 신념을 지니는 계기를 부여하기 때문이다.

나는 살려고 하는 여러 생명 중의 하나로 이 세상에 살고 있다. 생명에 관해 생각할 때, 살려고 하는 의지는 어떤 생명체라도 나와 똑같다. 다른 모든 생명도 나의 생명과 같으며, 신비한 가치를 가졌고, 따라서 존중하는 의무를 느낀다.
A. 슈바이처 : 독일의 의사, 철학자

아이만이라도
살려 주세요

　미국 동부 지방에 살고 있던 사람이 돈을 벌기 위해 캘리포니아로 갔다. 그는 경비를 아끼기 위해 가족을 동부에 남겨둔 채 혼자 떠나왔고, 그곳에서 열심히 일한 덕분에 얼마 지나지 않아 큰 돈을 만질 수 있었다.
　어느 정도 안정을 찾자 집에 있는 아내에게 아들과 함께 캘리포니아로 오라는 내용의 편지를 보냈다. 편지를 받아든 아내는 이제야 가족이 함께 모여 살 수 있게 된 것을 기뻐하며 뉴욕에서 출발하는 캘리포니아 행 기선을 탔다.
　그런데 기선이 얼마쯤 가다가 엔진고장으로 불이 났다. 불은 점점 커지더니 화물칸까지 번져 나갔다. 선장은 구명보트를 내리고 승객들에게 차례차례 옮겨 타라고 명령했다.

그러나 사람들은 서로 먼저 구명보트를 타기 위해 밀치고 싸웠다. 조그만 보트는 금방 사람들로 가득 찼다. 선장이 소리쳤다.

"이보시오. 이제 한 명이라도 더 타게 되면 모두가 죽소. 제발 진정하고 보트를 띄워 보냅시다."

그때 부인이 나서더니 애원했다.

"선장님, 제발! 저는 가난 때문에 한시도 행복하게 살아보지 못했어요. 저와 제 아이만은 꼭 태워 주세요. 이 아이는 아직 아버지의 얼굴도 모른답니다."

"안 돼요, 부인. 금방 배가 가라앉고 말 것이오."

선장의 단호한 거절에 부인이 울며 매달렸다.

"선장님, 아이는 아직 간난아이라서 가벼우니 그럼 아이만이라도 태워주세요."

선장은 하는 수 없이 아이를 보트에 있는 사람들에게 안겨주었다. 밧줄을 끊은 보트가 떠나고 아이의 울음소리가 점점 멀어지자 부인은 안도의 한숨을 몰아쉬었다. 얼마 후 커다란 폭음 소리와 함께 바다 한가운데 불기둥이 솟아올랐다.

아버지의 사랑은 무덤까지 이어지고, 어머니의 사랑은 영원까지 이어진다.
러시아속담

행복과
불행의 차이

신문기자가 프랑코 총독에게 물었습니다.
"총독께서는 행복해지는 비결을 알고 계십니까?"
프랑코 총독은 껄껄 웃으며 대답했습니다.
"난 행복해지는 비결은 모르지만 불행해지는 비결은 알고 있소."
기자가 되물었다.
"그럼 불행해지는 비결은 무엇입니까?"
"불행해지는 비결은 첫째, 남처럼 행복했으면 하고 바라는 것이고, 둘째는 청년시절처럼 아름다운 날을 가졌으면 하고 기대하는 마음이오."

공주의 눈을 뜨게 한
난초

인도의 신 브라마에게 비시누라는 아들이 있었다. 브라마 신은 아들 비시누에게 '땅에 내려가서 착한 일을 하라'는 명령을 내렸다. 착한 일을 하기 위해 땅에 내려온 비시누는 늙은 노인의 모습으로 변해서 인도 구석구석을 뒤지며 자기가 도와줄 사람을 찾고 있었다.

어느 날 갠지스 강 근처의 좁은 거리로 들어선 노인 비시누는 길가의 수수밭 속에 슬픈 얼굴로 앉아 있는 소녀를 만나게 되었다. 잔뜩 시름에 겨운 소녀의 모습은 마치 이슬에 젖은 꽃잎과도 같았다.

"나는 늙은 나그네요. 내 이름은 그리시와입니다. 아가씨가 슬퍼하는 것은 무엇 때문이오?"

"아, 고마우신 할아버지. 저는 나쟈나 공주입니다. 아버님께서 신분이 다르다고 성(城)의 문지기인 그이와의 결혼을 승낙하시지 않습니다."

"공주님, 동정합니다. 크게 동정합니다."

노인은 곧 젊은 문지기를 찾아가서 공주와 결혼할 수 있는 방법을 알려 주었다.

"강을 건너 저 산 속에서 제일 큰 느티나무가 있을 것이오. 그 아래 피어 있는 꽃을 따다 임금님께 바치시오."

젊은 문지기는 그 꽃을 따러 멀고 험한 길을 떠났다.

그가 목숨을 걸고 꽃을 찾는 동안 나쟈나 공주는 원인을 알 수없는 무서운 병에 걸려 거의 죽게 되었다.

나라 안이 발칵 뒤집혀서 명의(名醫)란 명의는 모조리 동원되었지만, 나쟈나 공주의 병은 하루가 다르게 악화될 뿐이었다. 임금이 사랑하는 딸의 목숨은 경각을 다투었다. 그리하여 임금은 공주의 병을 고쳐주는 자에게는 무슨 소원이든지 들어주겠다고 약속했다.

햇빛이 찬란한 어느 날 아침, 젊은 문지기가 한 송이 꽃을 들고 나타나 오랫동안 감겨져 있던 공주의 눈을 뜨게 했다.

젊은이의 소원은 나쟈나 공주와의 결혼이었고 임금님은 약속을 지켰다. 이 꽃이 난초다.

황고비의 바가지

　황해도 봉산 땅에 '황고비'라는 별명을 지닌 부자가 살고 있었다. 그는 엄청난 재산가였지만 평생 비단옷을 걸쳐보기는커녕 꽁보리밥에 된장국 한 그릇으로 만족하고 살았다.
　그런데 그가 특별히 신주 모시듯 하는 보물이 하나 있었다. 그것은 방 벽에 걸려 있는 번들번들하게 옻칠을 한 바가지였다. 황부자는 음식상을 대할 때마다, 그 바가지에 항상 정중하게 큰 절을 드린 후에야 수저를 드는 버릇이 있었다. 황부자가 바가지를 애지중지하는 이유는 이렇다.
　어렸을 적부터 몹시 가난했던 그는 바가지를 들고 동냥을 나섰다. 오직 생명을 유지하기 위해서 말이다.
　들고 나갔던 바가지 속에는 온갖 멸시와 천대로 범벅이 된

찬밥 한 덩어리가 있었다. 그는 이 밥을 먹으면서 엄청난 가난의 한을 씻기 위하여 반드시 부자가 되겠다고 결심했다.

그때부터 그는 세상의 누구보다도 열심히 일했고 상상을 초월하리만큼 절약을 했다. 재산이 어느 정도 생기자 나태한 마음이 생기기도 했지만 그는 마음이 해이해질 때마다 옛날에 빌어먹던 날의 바가지를 쳐다보며 마음을 새롭게 추스르곤 했다.

사람에게는 누구나 자신들의 고통스러웠던 과거를 잊어버리고 싶은 욕망이 있다. 그것을 기억한다는 것은 아픔이 되살아나기 때문이다. 하지만 '황고비'는 그 아픔을 잊지 않고 끝까지 삶의 활력소로 이용한 사람이었다.

추위에 떤 사람만이 햇볕을 따뜻하게 느낀다. 인생의 번민을 통과한 사람만이 생명의 존귀함을 안다.　W. 휘트먼 : 미국의 시인

다시 태어나면

　뇌성마비 자녀를 둔 한 어머니가 있었다. 어머니는 '모두가 내 탓'이라며 아이를 눈물겹도록 헌신적으로 키웠다. 어머니는 아이를 보통 아이와 똑같이 생각하며 강한 아이로 자라게 해주려고 노력했다. 그래서 학교도 일반 학교에 입학시켰다.
　그러나 그 전까지만 해도 자신이 장애인이라는 것을 깨닫지 못한 아이가 '병신'이라는 아이들의 놀림에 절망하기 시작했다. 학교에서 돌아온 후 모두가 엄마 탓이라며 울어대는 아이를 껴안고 어머니가 말했다.
　"울지 말아라. 이 세상에서 가장 불행한 사람은 남을 사랑하지 못하는 사람이란다. 그러나 너는 다른 불쌍한 사람을 사랑하지 않니. 그러니 너는 조금도 불행하지 않아!"

아이는 어머니의 위로에도 아랑곳하지 않고 사흘 밤낮을 울어댔다. 그래도 어머니의 깊은 뜻은 꺾이지 않았고 학교에 가지 않겠다는 아이를 달래어 중학교 고등학교를 졸업시켰다.

그 동안 보여준 어머니의 사랑은 아이에게 장애에 대한 절망을 딛고 일어서게 해주었다. 아픈 사람일수록 깨끗해야 한다며 하루에 두 번씩 갈아입힌 옷 때문에 어머니는 산더미 같은 빨래를 해야 했고 한 겨울 아이에게 따뜻한 밥을 먹이기 위해 도시락을 품속에 넣고 가기도 했다.

고등학교 졸업장을 받아든 순간 아이는 이제껏 받아왔을 어머니의 고통과 멍에를 헤아려 보았다. 아이는 어머니의 사랑으로 모든 것을 깨달았다. 아이는 졸업식장에서 이렇게 말했다.

"제가 만약 다음 세상에 태어나게 된다면 그때는 우리 어머니의 어머니로 태어나기를 바랍니다. 어머니의 끝도 깊이도 모르는 사랑을 갚는 길은 오직 그 길뿐입니다."

아버지 날 나으시고, 어머니 날 기르시니 두 분 곧 아니시면 이 몸이 살았으랴, 하늘같은 은덕을 어디 다 갚사오리.   정철 : 고려시대 시인, 정치가

작은 몸 큰 마음

　정재수는 병든 아버지와 어렵게 살림을 꾸려나가는 어머니를 모시고 경북 상주군 사산초등학교에 다니고 있었다. 아직 어린 나이지만 학교를 마치면 마을의 여러 가게를 돌아다니며 잔심부름을 해서 아버지의 약값을 보태려고 애썼다. 이런 재수의 정성 덕에 아버지는 건강이 점차 회복되기 시작했다.
　어느 날 아버지가 할아버지 제사를 모시기 위해 30리나 떨어진 큰집으로 떠나게 되었다. 재수는 몸이 불편하신 아버지를 위해 동행을 자청하고 나섰다.
　때마침 발목까지 푹푹 빠질 정도로 폭설이 내렸다. 온힘을 다해서 길을 가시던 아버지는 그만 세 번째 고개를 넘던 중에 발을 헛디뎌서 쓰러져서는 정신을 잃고 말았다.

정신을 잃고 꼼짝도 하지 않는 아버지의 곁에서 발을 동동 구르다 못해 재수가,

"사람 살려요!"

라고 수도 없이 외쳤지만 칼날 같은 바람 소리에 묻힐 뿐이었다.

점점 차가워지는 아버지의 몸이 얼어붙을 것을 염려한 재수는 웃옷을 벗어 아버지께 덮어 드렸다. 그러나 그것만으로는 부족한 듯해서 내의마저 벗어 덮어드렸다.

깜깜한 밤인데다가 눈이 쌓여서 길조차 분간할 수 없는 깊은 산골짜기에서 아버지를 구하기 위해 몸부림치는 재수의 몸도 점점 식어갔고, 애꿎은 눈은 이불이라도 되는 듯 재수와 아버지의 몸을 덮어갔다.

마을사람들이 재수 부자를 발견했을 때, 재수의 벌거벗은 몸은 아버지의 커다란 몸을 감싸안고 있었다. 이때 재수의 나이 고작 9살, 초등학교 2학년이었다.

뒷날 재수의 모교 운동장에는 이런 효자탑이 세워졌다.

험한 산 깊은 속에 향기롭게 핀 한 송이 꽃
그윽한 향기 온 누리에 풍긴다
길이 빛난다

어린 나이로 아버지를 위하여
뜨거운 효성의 불을 피워서 불살라 버린
갸륵한 꽃송이

　효자 정재수가 다니던 상주의 사산초등학교는 지금은 폐교가 되었다. 폐교자리에는「효자 정재수 기념관」이 건립되어 현대사회에서 잊혀져 가는 효사상을 정립하고 자라나는 어린이들에게 효를 가르치는 산 교육장으로 사용되고 있다.

수욕정이풍부지 자욕양이친부대[樹欲靜而風不止 子欲養而親不待(나무가 고요하고자 하나 바람이 멈추지 않고, 자식이 효도하고자 하나 어버이는 이미 계시지 않는다)] 한시외전 9편

사형수 어머니의
기도

　한 사형수의 어머니에 대한 이야기이다. 한순간의 분노를 이기지 못하고 살인을 저지른 젊은 사형수에게 백발이 성성한 노모가 있었다. 노모는 아들을 위해 교도소 담 밖에 움막을 치고 하루도 거르지 않고 기도를 올렸다.
　이 노모의 마지막 소망은 단 한 가지, 아들이 죽는 날 자신의 손으로 시신을 거두고 자신도 함께 죽는 것이었다.
　추운 겨울에는 아들이 추운 바닥에서 자는 것을 안타까워하며 한기가 도는 맨바닥에서 잠을 자고, 입는 것, 먹는 것도 교도소에 있는 사람들처럼 했다.
　아들과 똑같은 환경의 생활을 했던 것이다. 뿐만 아니라, 주위 사람들의 호의에도 '살인자 자식을 둔 죄인 어머니'라며 고개를 저을 뿐이었다.

　10여 년을 한결 같은 마음으로 면회 가고 기도하는 생활이 계속되던 어느 날 노모의 정성에 감복한 나라에서는 사형수에게 죄를 면해 주었다고 한다.

　이런 '내리사랑'은 우리의 모든 어머니의 마음이다.

폭탄을 만드는 사람도
감옥을 지키던 사람도
술가게의 문을 닫는 사람도
집에 돌아오면 아버지가 된다
아버지의 때는 항상 씻김을 받는다
어린 것들이 간직한 그 깨끗한 피로……　　김현승 : 한국의 시인

죽 한 그릇의 교훈

　어느 고을에 허 아무개라는 선비가 살림이 찢어지게 가난한데다 과거 공부에만 골몰하다 뜻을 이루지 못하고 세상을 떠나고 말았다.
　그에게는 마음씨 착하고 행실이 반듯한 세 아들이 있었다.
　어느 날, 큰형이 아우들을 모아놓고 아버지의 뜻을 받들어 과거에 급제하기 위해 열심히 공부하자고 말했다. 아우들도 같은 마음이었다. 그런데 묵묵히 고개를 끄덕이던 둘째가 이렇게 말했다.
　"지금까지 아버님 덕분에 친척들의 도움을 입었지만, 이젠 우리 삼형제가 스스로 살림을 이끌어 나가야 합니다. 그러니 형님과 아우는 열심히 과거 공부를 하십시오. 저는 돈을 벌어서 살림을 일으키고 과거에 급제할 때까지 뒤를 돌봐 드리겠습니다."

그들은 십 년을 약속하고 공부를 하고 돈을 벌기 위해 각각 헤어졌다.

둘째는 작은 돈으로 그 해 풍년이 든 목화를 사서 부지런히 실을 뽑고 무명 옷감을 짜서 팔았다. 멀건 죽 한 그릇만으로 끼니를 때우며 열심히 일한 탓에 돈이 모아지기 시작했다.

어느 날 둘째의 아내가 이제는 밥을 해먹자고 했다. 그러나 그는 묵묵히 고개를 흔들었다. 몇 년이 지나 사방 십 리의 땅이 둘째의 것이 되었을 때도 그는 오두막집에 죽 한 끼를 먹으며 지냈다.

그러던 어느 날 둘째의 성공 소식을 전해들은 형과 아우가 찾아왔다. 삼형제는 얼싸 안으며 기뻐했다. 그러나 부자가 된 둘째가 그들에게 내놓은 밥상은 멀건 죽인 것을 보고 형과 아우의 얼굴이 삽시간에 굳어졌다. 이때 둘째가 입을 열었다.

"큰 뜻을 이루려면 굳은 결심이 흔들리지 않아야 합니다. 우리 삼형제가 약속한 십 년은 아직 지나지 않았습니다. 형님과 아우의 과거급제도 아직 이루어지지 않았고요."

형과 아우는 자신들의 짧은 생각을 부끄럽게 생각하여 더욱 열심히 공부를 하였고 꼭 십 년이 되던 해에 모두 급제하여 형제간의 약속을 지켰다.

   그리고 죽 한 그릇의 교훈을 오래도록 잊지 않았다.

능숙한 선장은 폭풍을 만났을 때도 폭풍에 반항하지 않으며 절망하지도 않는다. 항상 확고한 승산을 가지고 최후의 순간까지 전력을 다해서 활로를 열려고 한다. 여기에 인생의 고난을 돌파하는 비결이 있다.   J. 맥도날드 : 미국의 정치가

소중한 잔뿌리 인생

미국 오하이오의 한 대학에서 밀을 심어서 성장시킨 후 뿌리의 길이를 잰 일이 있었다. 그런데 그 길이가 11,200Km나 되었다. 서울과 신의주를 다섯 번 왕복하고도 남는 길이다.

밀 한포기의 생명을 유지하기 위해 흙 속에서 그 많은 뿌리들이 자라고 활동하고 있었다니 놀랍기까지 하다.

굵은 뿌리들은 지탱하기 위한 것이고, 잔뿌리는 물과 영양분을 빨아들이고 공급한다고 하니 실제 생명은 잔뿌리에 있다고 해도 틀린 말이 아니다.

우리는 작은 것들은 소홀히 하는 경우가 많다.

혹은 큰일만을 소중히 생각하고 작은 약속이나 일들은 뒤로 미루고 안일하게 생각하는 경우가 종종 있다.

잔뿌리에 생명이 있듯이, 한순간의 소홀함은 인생을 소홀히 하는 것이다.

사람들은 보배를 찾아 헤매고 있다. 어디로 가면 노다지를 만날 수 있을까 하고 눈을 부릅뜨고 돌아다닌다. 그러나 그 보배는 바로 우리의 눈앞에 있다.
영국속담

희망과 보람

두 사람이 탑을 쌓고 있다.

A는 돌을 넓게 펼쳐가기만 하고, B는 돌을 높이 쌓아가기만 한다.

A는 아주 높은 탑을 쌓겠다는 큰 꿈을 가지고 있다. 높이 쌓기 위해선 아래가 넓어야 한다고 주장한다.

B는 비록 아래가 좁아 높게 쌓지는 못하겠지만, 곧 작은 탑 하나를 쌓을 수 있다고 주장한다.

B가 작은 탑 하나를 만들고 또 다른 탑을 만들기 시작해도, A는 옆으로만 펼쳐간다.

A는 '희망'으로 살고,

B는 '보람'으로 산다.

과연 우리에게 아주 높은 탑을 쌓을 시간이 주어진 것인가?
A는 아주 높은 탑을 쌓겠다는 희망을 가지고 살지만, 결국에는 한 층도 쌓지 못할지도 모른다.
B는 수없이 많은 작은 탑들을 쌓겠지만, 그 탑들은 너무도 흔한 평범한 탑일 뿐이다.

나는 지금, 누구나 쌓을 수 있는 그저 평범한 탑을 쌓고 있지는 않는가?
아니면 다 쌓을 수 있을지도 알 수 없는 아주 높은 특별한 탑을 쌓고 있지는 않는가?

남을 아는 것은 지[智], 자기 스스로를 아는 것은 명[明]이다. 자기를 아는 것은 남을 아는 것보다 어렵다.   노자 : 중국 초나라의 사상가

비어 있음의
아름다움

요즘의 차바퀴는 그렇지 않지만 옛날 수레바퀴의 한 가운데에는 구멍이 뚫려 있다. 그 구멍에 축이 되는 막대가 끼워지고, 바퀴는 회전을 하게 된다.

이것을 보고 노자는 '무용의 용(無用之用)'이라 했다. 비어 있어 비로소 어떤 역할을 할 수 있기 때문이다.

마찬가지로 항아리의 속도 텅 비어 있기 때문에 쓸모가 있는 것이다. 꽉꽉 들어차고 무언가 가득해야만 하고, 복(福)이나 명예 같은 것들로 가득하기 만을 바라는 사람은 '그 가득 찬 만큼' 밖에는 보지 못한다.

자기 주변을 비워놓을 줄 아는 그런 사람이 오히려 여유로워 보이는 법이다.

지혜가 머무는 곳

우리의 작은 일상을 사랑하고,
귀하게 여기는 마음이 중요하다.
그곳이 바로 지혜가 머무는 곳이기 때문이다.

꿀을 발라야 변을 면 한다

공자가 여행을 하다가 진(陳)나라 사람들에게 붙들려 봉변을 당하고 있을 때의 일이다. 그 폭력배들은 구슬 한 개를 내놓고 그 구멍에 실을 꿰라고 하였다. 그런데 그 구슬의 구멍은 구곡(九曲)으로 뚫려 있어 도저히 불가능했다.

그 실을 꿸 것을 생각하고 어느 뽕나무밭 둑을 거닐고 있었는데 마침 한 여자가 나타나,

"여보세요. 꿀을 생각해 보셔요. 꿀을……."

하고 말하였다.

공자는 대뜸 생각이 났다. 실을 개미허리에 매어 그 구멍으로 기어들어 가게 했다. 그리고 나오는 곳에는 꿀을 발라 놓았다. 이리하여 공자는 변을 면할 수 있었다.

공자 같은 대 철학자도 뽕밭의 아낙네로부터 지혜의 도움을 받는다. 세상의 모든 일을 모두 알 수 없기 때문이다. 그리고 그 작은 것들이 모여서 우리의 삶을 이루기 때문이다.

만나는 모든 사람에게서 무엇인가 배울 수 있는 사람이 이 세상에서 가장 현명하다.   탈무드

공짜

　옛날 한 임금이 있었다. 그 임금은 유능한 정치가이며 또한 학문을 숭상하는 왕이었다.
　어느 날 왕은 현인들을 불러 모아 놓고 전 국민이 잘 살 수 있는 성공비결을 연구하라고 지시했다. 현인들은 열심히 지혜를 짜내어 마침내 12권의 책에 성공의 비결을 집대성하였다. 왕은 만족했다. 그리고는 백성들이 읽기 어려우니 짧게 줄여오라고 했다.
　현인들은 의논 끝에 한 권의 책으로 압축시켰다.
　"그래도 길다. 이것을 백성들이 어떻게 다 외운단 말인가?"
　왕은 그래도 너무 분량이 많으니 다시 줄여 오라고 하였다. 이렇게 줄이고 줄여서 마지막에는 단 한 문장으로 만들게 했다.
　영원불멸의 진리, 성공의 지혜는 바로 이것이었다.
　'이 세상엔 절대로 공짜가 없다.'

　그대에게서 나온 것은 그대에게로 돌아간다.　　맹자 : 중국 전국시대 학자

이미 엎질러진 물

　미국 동부 해안에 있는 한 휴양지에 마을 유지들이 모여 '마을의 재정난을 어떻게 타개할까' 하고 회의를 하고 있었다.
　그들은 갑론을박하며 회의를 계속했지만, 묘안이 나오지 않았다.
　그때 낯선 신사 한 사람이 들어오더니 뒷자리에 앉았다. 회의 광경을 지켜보더니 조심스럽게 입을 열었다.
　"제가 한 말씀 드려도 될까요?"
　유지 한 사람이 소리쳤다.
　"당신이 뭘 안다고 그래. 입 닥쳐요."
　신사는 쑥스러운 듯이 자리를 떴다. 뒤늦게 도착한 한 유지가 들어오면서 말했다.

"지금 나간 그 분이 여기서 무엇을 하고 갔나요?"

"그 친구가 누군데 그러시나요?"

"그 분을 모르다니요? 그 분의 요트가 우리 마을에 들렀단 말입니다. 그 분이라면 우리 마을을 돕는 것쯤은 식은 죽 먹기일걸요."

"그 친구가 한마디 하겠다기에 우리가 막아버렸는데, 그 친구가 누구죠?"

"아이쿠, 머리야. 그 분이 바로 록펠러라구요."

자기가 가진 작은 것을 내세워서 상대를 무시하는 일은 큰 불행을 초래할 수 있다. 마을의 유지가 자신을 낮추고 이름모를 나그네에게 말할 기회 정도만 줬어도 마을의 어려움을 해결할 수 있었을 것이다. 방정맞은 입 하나가 그만 모든 일을 망쳤다.

대체로 커다란 잘못의 밑바탕에는 교만이 있다.　　J. 러스킨 : 영국의 사상가

락 카페와 포장마차

세련된 옷차림, 깔끔한 헤어스타일. YES와 NO를 확실히 표현하는 분명함. 감각과 컴퓨터로 신속한 결과를 선호하는 이들 신세대들은 조직 속을 저돌적으로 종횡무진하고 있다.

무난한 정장, 유행과는 무관한 변화 없는 스타일, 나보다는 상대의 마음을 헤아리는 포용의 대답, 축적된 경험과 깊은 사고를 통한 신중한 결과, 바로 격동기 한국의 일벌레로 자리한 우리 선배들의 모습이다.

신세대.

그들은 여러모로 현실을 부정하고 있다. 또한 그들만의 영역 속에서 새로움을 추구하며 모든 것이 자신에서 출발한다. 그러나 그들이 이 시대에 없어서는 안 될 활력소이며 발전의 기폭제임은 저명한 사실이다.

쉰 세대.
그들은 능률보다는 사실을 결과보다는 과정을 사랑한다. 자신의 지난 과거를 지나치게 아끼고 사랑하며 오로지 깃발 하나만을 따라 앞만 보며 달려온 그들이다. 그러나 그들에게도 오늘날의 신세대보다 더욱더 피 끓는 정열과 젊음이 남아 있다.

이제, 신세대의 합리적인 행동양식에 쉰세대의 신중함과 포용을 접목시켜야 할 때이다. 오늘의 신세대가 바로 내일의 쉰세대임이 삶의 역사이다. 수직의 조직을 떠나서 랩송이 흘러나오는 락카페에서 쉰세대의 경험담을 들어보자.
그리고 정이 넘치는 포장마차에서 신세대들의 아픔과 갈등을 더 넓은 가슴으로 쓸어주자.

자기의 길을 걸어가는 사람은 누구나 다 영웅이다. 자기가 할 수 있는 일을 성실하게 수행하면서 사는 사람은 누구나 다 영웅이다.
H. 헤세 : 독일의 소설가, 시인

아침에 피었다 지는
나팔꽃

중국에 그림을 잘 그리는 화공이 있었다. 화공의 부인은 세상이 다 아는 천하절색이었다. 화공의 부인이 미인이란 소문을 들은 음흉한 고을의 원님이 부인을 잡아갔다.

원님은 얼굴이 너무 예뻐서 동네 사람들이 죄를 저지른다는 엉터리 죄목을 씌워 부인을 잡아간 후 자기에게 수청들 것을 강요했다.

"저는 이미 한 남편을 모신 유부녀입니다."

부인의 한결같은 거절에 화가 난 원님은 달래다 못해 높은 성 위에 부인을 가두어 버렸다.

부인을 빼앗긴 화공은 억울함과 근심으로 미칠 지경이었다. 화공은 며칠 동안 틀어 박혀서 아무도 모르게 그림 한

장을 그렸다. 그리고 그림을 가지고 와서 부인이 갇혀 있는 성 밑에 파묻고 그 옆에 쓰러져 죽었다. 감옥에 갇힌 부인은 남편이 죽은 얼마 후부터 아침마다 같은 꿈을 되풀이해 꾸었다. 그 꿈은 단지 남편의 말뿐이었다.

"사랑하는 아내여, 무사히 한밤을 보냈는가? 나는 밤새도록 당신을 찾아오는데 그럴 때마다 곧 아침 해가 솟고 당신이 잠도 깨우니 언제나 하고 싶은 말도 못하고 떠나가게 되는구려. 할 수 없지. 또 내일까지 기다려야지."

부인은 며칠 동안 똑같은 꿈이 꾸어지는 것을 이상하게 생각하고 철창 아래를 내려다보았다. 거기서 나팔처럼 생긴 꽃이 피어오르고 있었다.

나팔꽃은 유전학의 연구에도 쓰인다. 분명히 파란꽃에서 맺힌 씨를 뿌렸는데, 엉뚱하게 빨강꽃이 피는 경우가 흔하다. 그리고 나팔꽃은 반드시 왼쪽으로 감겨 올라간다.

우리는 더 깊이 사랑할 줄 알기 때문에 고통도 죽음도 우리의 영혼을 위협하지 못한다.　　H. 헤세 : 독일의 소설가

큰 새끼 한 마리가
작은 새끼 두 마리 하고

　다복한 가정이 있었다. 며느리는 시어머님을 잘 모시고 서로 정답게 사는 가정이었다. 그 집에 어린 손녀가 하나 있었는데, 할머니는 그 손녀가 귀하다고 늘 '내 새끼, 내 새끼' 하고 불렀다. 그러다 보니, 손녀는 말을 배우기 시작한지 얼마 되지 않아 사람을 '새끼'라고 부르는 줄 알았다.
　어느 날 손님이 찾아왔다. 문 앞에서 '딩동' 하고 초인종소리가 나자 누가 찾아왔다고 생각한 어린 손녀가 뛰어갔다.
　손녀는 아파트 문에 붙어있는 렌즈 구멍을 통해 문 밖을 내다보았다. 젊은 부인 한 사람이 어린 아이 둘을 데리고 문 밖에 서 있는 것이다. 필경 엄마 친구일지 모른다고 생각한 손녀가 거실로 뛰어 들어오면서 외친다.

"엄마, 큰 새끼 한 마리가 작은 새끼 두 마리하고 문 밖에 와 있어."

아이의 어머니는 깜짝 놀랐다.

밖에 계신 손님이 듣지 못했기를 바라면서 문을 조심스럽게 열었다. 어쩌면 좋으랴! 밖에 서 있는 부인은 남편의 직장 동료의 예의바른 부인이었다.

아이들은 어른들이 하는 행동을 따라하기 마련이다. 아무리 악의가 없었더라도 잘못된 행동은 어린 아이들에게 좋지 않은 영향을 깊이 줄 수가 있다.

남귤북지[南橘北枳(남쪽 땅의 귤나무를 북쪽으로 옮겨 심으면 탱자가 되고 만다. 즉, 사람도 환경에 따라서 선하게 되기도 하고 악하게 되기도 한다)]
안자 : 중국 춘추시대 정치가, 사상가

자신에게 투자하라

 이것은 어느 회사에서 실제로 있었던 일이다. 어느 해인가, 두 명의 신입사원을 받은 이 부서의 부장은 어느 날 갑자기 두 사람을 불러놓고 마구 야단을 치기 시작했다. 두 신입사원이 얼마 되지 않는 월급을 아껴 재형저축을 들고 있다는 것에 대해 화를 내고 있었던 것이다.
 이 부장은 두 사람에게 재형저축을 해약하고 지금 당장 하고 싶은 것을 하도록 권유했다. 두 사람은 각기 다른 반응을 보였다.
 '갑'은 재형저축을 해약하고 평소에 하고 싶은 것들을 하나씩 해나가기 시작했다. 아침에는 영어라든가 일어와 같은 외국어를 배우러 다녔고, 주말이나 휴가 때에는 스킨스쿠버,

테니스, 수상스키 등을 배우러 다녔다.
 '을'은 부장의 말을 듣지 않았다. 그는 자신의 미래를 나름대로 설계하고 있었는데, 몇 해 뒤에 있을 결혼에 대비해서 저축을 해야 한다고 생각했다. '을'은 열심히 저축했지만 일상은 별다른 변화를 보이지 않고 세월만 흘러가고 있었다.
 부장이 '갑'과 '을'을 불러놓고 야단을 친 지 3년이 지났다. '갑'은 그의 어학실력과 여러 가지 취미생활에서 배운 것들이 인정되어 각광받는 영업사원이 되었고 얼마 되지 않아 과장으로 승진했다. 반면에 '을'은 3개의 저금통장을 가진 착실한 사람으로 인정은 받았으나 회사에서는 그저 열심히 일하는 평범한 사원으로 대접받았다.
 물론 나름대로 자신의 가치관에 따라 살아갈 것이다. 그러나 현대 사회에서 살아남기 위해서는 끊임없는 자기개발은 필수 과제이다. 우리는 이제 평생 학습이라는 말이 당연시되는 시대에 살고 있다. 전문적인 분야에서 일하는 직장인들도 항상 자신의 능력을 향상시키기 위해 노력해야 한다.

현대의 행동 수단은 실력이어야 한다. 가문과 문벌 같은 것은 소용없다.
H. 발자크 : 프랑스의 소설가

러스킨의 길

옥스퍼드 대학의 교수이자 비평가인 러스킨은 강의를 하기 위해 빗길을 뚫고 강의실로 향했다.

가는 동안 그는 제대로 닦여 있지 않은 길 때문에 흙탕물이 옷에 튀는 등의 곤란을 겪었다.

이윽고 강의실에 들어간 러스킨은 비를 털며 학생들에게 말했다.

"여러분은 왜 경제학을 배우는 것입니까?"

학생들은 갑작스런 질문에 영문을 몰라 하다가 한 학생이 일어나 러스킨이 가르쳐 준 대로 대답을 했다.

"경제는 자신과 다른 사람의 이익을 추구하는 것이라고 배웠습니다."

러스킨은 미소를 띠며 다시 물었다.
　"지금 나는 이 강의실로 오는 동안 길이 좋지 않아서 아주 애를 먹었습니다. 그렇다면 여러분은 어떻게 해야 한다고 생각하십니까?"
　"그야 당연히 길을 고쳐야 한다고 생각합니다."
　한 학생이 이렇게 말하자 러스킨은 당장 나가 함께 길을 고치자고 말했다. 학생들은 위엄 있는 교수의 말에 아무런 대답도하지 못한 채 밖으로 나가 길을 고쳤다.
　이 일이 있은 뒤 옥스퍼드 대학에서는 학문이란 반드시 실천되어야 하는 적극적인 것이어야 한다는 러스킨 교수의 가르침을 받들어 그 길을 '러스킨의 길'이라고 이름 붙였다.

사람들에게 일치하는 것은 그 언행이 일치하지 않는다는 것이다.
H. 스미드 : 미국의 선교사

소년과 바이올린

프랑스에서 있었던 일이다.

어떤 소년이 정육점에 바이올린을 들고 고기를 사러 갔다. 그 소년이 고기를 사고 값을 치르려고 하는데 마침 돈을 가져오지 않은 것을 알았다. 소년은 바이올린을 맡기고 고기를 가져갔다. 돈을 가지고 와서 바이올린을 찾아가겠다는 약속을 남기고.

그런데 잠시 후, 한 젊은 신사가 고기를 사러 정육점으로 들어왔다. 그 신사는 바이올린을 자세히 보더니 그것을 자기에게 팔라고 말했다. 신사 손님은 바이올린을 소중하게 다루면서 2만 프랑에 사겠다고 말했다. 그러나 주인은 소년이 올 때까지 팔수가 없었다. 신사는 다시 오겠다며 정육점을 나갔다.

잠시 후에 바이올린을 맡긴 소년이 나타났다. 주인이 바이올린을 자기에게 팔라고 말했지만 소년은 자기 집안의 소중한 물건이어서 팔수 없다고 말했다. 주인은 그 소리를 듣자 바이올린을 자기에게 꼭 팔라며 더욱 소년을 졸라댔다.

주인은 결국 3천 프랑에 그 바이올린을 손에 넣을 수 있었다. 신사에게 2만 프랑에 팔면 간단히 1만 7천 프랑을 벌 수 있을 것이다. 주인은 너무나 기쁜 나머지 소년에게 고기값도 받지 않았다.

그런데 아무리 기다려도 바이올린을 사겠다던 신사는 나타나지 않았다. 소년도 보이지 않았다.

이웃 사람 밭의 곡식은 알이 더 굵어 보이고, 남의 집 암소는 더 살쪄 보이는 사람일수록 자기 집 곡식이나 암소는 잘 가꿀 줄 모른다.
P. 오비디우스 : 고대 로마의 시인

눈높이를 맞추는 일

영국의 대영박물관에 젊은 신사가 들어왔다.

그는 작품 앞에 다가 서더니 허리를 구부린 불편한 자세로 진열된 작품들을 보기 시작했다.

마치 정상인이 아닌 것처럼 엉거주춤한 자세로 작품들을 하나씩 감상하고 돌아갔다.

그 다음날 그 신사가 다시 왔다. 이번에는 한 무리의 아이들을 데리고 왔다.

그는 아이들에게 작품에 대해 아주 자세히 설명해 주었다.

바로 그 전 날의 그 엉거주춤한 자세로.

아이들은 설명에 귀를 기울였다.

박물관 직원이 그에게 물었다.

"선생님, 어제는 왜 허리를 숙이고 작품들을 감상하셨습니까? 오늘은 아이들에게 설명을 해 주시느라 그러셨겠지만."

그러자 선생님은 이렇게 대답했다.

"아이들이 볼 수 있는 눈높이에서 작품들을 보고 설명해 주려고요."

어린이를 가르친다는 것은 무엇인가? 그것은 백지에 무엇인가를 쓰는 일과 같다. 어른에게 가르친다는 것은 무엇인가? 그것은 이미 써놓은 종이의 여백을 찾아 써넣으려 하는 것과 같다. **탈무드**

가로채기

어느 늪에서 개구리와 오리가 사이좋게 살고 있었다.

그런데 가뭄이 들어서 늪이 말라가기 시작했다. 걱정이 된 오리는 개구리에게 말했다.

"물이 없어지면 너는 어떻게 하지? 나는 날개가 있으니까 다른 물가로 날아가면 되지만 말이야."

개구리는 대책이 없었다. 개구리의 실망한 모습을 본 오리가 이렇게 제안하였다.

"만일 네가 내 목덜미에 올라앉아서 내가 땅위에 내려앉을 때까지 붙어 있기만 하면 좋겠는데 말이야."

다른 방법도 없는 개구리는 그렇게 하기로 하였다. 다행히 오리와 개구리는 무사히 다른 호수에 도착했다. 그들이 내려앉는 것을 본 동물들이 물었다.

"참 좋은 꾀를 냈구나. 그런데 이 아이디어는 누가 생각해 낸 거냐?"

그러자 얼른 개구리가 말했다.

"그야, 물론 내가 생각한거지."

개구리가 말하는 모습을 지켜 본 오리는 아무 말도 하지 않고 그 자리를 떠났다. 개구리는 사이좋은 이웃을 잃었다.

아무리 경건한 사람일지라도 이웃에 사는 악인의 마음에 들지 않으면 평온하게 살아갈 수 없다.   F. 실러 : 영국의 철학자

마음과 지혜의 만남

마음이 열리고,
지혜가 열리면,
우리의 삶이 조화롭게 어우러진다.

평소에 잘 하기

휴 프레이드는 자신이 살아오면서 써 왔던 일기를 책으로 엮어내려고 생각했다. 그가 이 계획을 가족들에게 이야기 했을 때, 식구들은 아무런 관심을 보이지 않고 '그래?' 라고만 대답했다.
그는 다시 친구들에게 찾아가 이야기를 해 보았으나, 친구들 역시 별 반응없이 '응, 그래' 라고만 했다.
얼마 후, 그는 《나에게 쓰는 편지》라는 책을 출간했다.
책이 서서히 인기를 끌어 세계의 많은 사람들에게 읽혀지고 프레이드는 유명작가가 되었다.
그제서야 친구들과 가족들은 기뻐하며, '정말 자네가 자랑스러워'라며 축하와 격려를 해 주었다.

자신이 성공을 거두자 무관심했던 사람들이 반가워하는 모습을 보며 그는 서운해 했다. 그리고 자신을 한 번 돌아보며 이런 생각을 했다.
'혹시 나도 저들처럼 친구들의 일을 사소하게 받아들이고 섭섭한 태도를 보이지는 않았는지.'

인생이란 주고받는 관계 속에서 이루어지는 것이다. 내 주위의 사람들에게 나는 얼마큼의 관심을 보이고 있는지 뒤돌아보자.

우정이란 성장이 더딘 식물이다. 그것이 우정이란 이름을 들을 수 있게 되기까지에는 몇 번이고 곤란과 타격을 받고, 또 그것을 견디어 내지 않으면 안 된다.
G. 워싱턴 : 미국의 초대 대통령

다시 한 번 하세요

한 아주머니가 9살 된 아들을 데리고 쇼핑을 하러 갔다가 거리에 있는 자동 현금인출기에서 카드로 돈을 찾게 되었다. 혹시라도 강도가 나타날까봐 걱정이 된 그녀는 아들에게 기계에서 돈을 꺼내야 하니 엿보는 사람이 있는지 망을 잘 보라고 했다. 현금인출기에서 돈이 쏟아져 나오는 걸 보고 눈이 휘둥그레진 아들이 말했다.

"엄마, 한 번 더 해. 아무도 보는 사람 없어!"

사람은 다른 사람의 어리석음을 보고 스스로 현명하게 되는 법을 배운다.
영국속담

면도할 때마다 난
상처

　직업이 발명가인 질레뜨는 면도할 때마다 얼굴에 상처를 입는 게 고민이었다. 매일 아침 면도를 하지 않을 수는 없고, 할 때마다 얼굴엔 영락없이 몇 줄기 상처가 생겨나니…….
　밤마다 아침을 맞는 게 두려울 정도였던 질레뜨는 궁리를 거듭하다 한 가지 결심을 했다.
　'지금까진 남을 위하는 발명을 했지만 이번엔 나 자신을 위한 발명을 해보는 거야.'
　질레뜨는 그 지긋지긋한 아침을 생각하면서 끈질기게 매달린 끝에, 마침내 피부를 상하게 하지 않는 면도장치를 개발해내는 데 성공했다.
　이 장치가 바로. 오늘날 세계 남성들이 즐겨 쓰는 질레뜨

면도기의 원형이다.

  자신의 상쾌한 아침 시간을 즐기기 위해 생각해낸 그 발명품이 질레뜨를 억만장자로 만들어준 것이다.

어떤 불행은 도리어 희망의 토대가 된다. 불행을 슬퍼하지 말고 불행을 새로운 출발점으로 삼아라. 불행 앞에 굴복하여 슬퍼하지 말고 그 불행을 이용하는 사람이 되라.   H. 발자크 : 프랑스의 소설가

왕의 깨달음

　전쟁에서 패하게 된 왕이 산속을 헤매다 어느 나무꾼이 살고 있는 집에 들어섰다. 왕은 나무꾼 아내에게 배가 고프니 요기할 것을 좀 주면 고맙겠다고 말하였다. 마침 그 집에서는 빵을 굽고 있었는데, 우유를 짜올 동안 불을 지피고 있으면 빵을 주겠다는 것이었다. 왕은 불을 지피면서 어느새 전쟁에 대한 상념에 빠졌다. 그때 갑자기 나무꾼 아내의 호통 소리가 들려왔다.
　"이런 게으름뱅이 같으니라고! 이런 것도 못하면서 빵을 얻어먹겠다고?"
　왕이 상념에 빠진 사이 빵이 다 타버린 것이다.
　이때 나무꾼이 들어와서 그가 왕임을 알아보고 무릎을 꿇으며 아내의 경솔함을 빌었다. 왕은 그에게 일어나라고 말한 뒤 다음과 같은 말을 이었다.
　"빵을 지키라 했는데, 그 책임을 다하지 못했으니 내게 야단을 치는 것은 당연하다. 아낙을 너무 나무라지 말라."
　자신에게 주어진 일에 대한 책임을 다하지 못하였을 때 어떠한 결과가 초래된다는 사실을 크게 깨달은 왕은 그 뒤 전쟁에서 승리했다.

위대한 사상은 반드시 고통이라는 커다란 밭을 갈고서야 이루어진다. 갈지 않고 둔 밭에는 잡초가 무성할 뿐이다. 사람도 고통을 겪지 않고서는 언제까지나 평범하고 천박함을 면치 못한다. 모든 고통은 차라리 인생의 벗이다.
C. 힐티 : 스위스의 철학자

행복 속의 불행

　세계적인 회사인 미국 듀퐁사의 상속녀가 48세에 스스로 목숨을 끊었다. 그녀는 남들이 부러워할 만한 행복의 조건을 모두 갖춘 사람들 중의 한사람이었는데 말이다.

　부는 말할 것도 없고, 유명한 화가가 모델로 삼고 싶을 정도로 미모도 뛰어났던 그녀였는데……. 학벌도 뛰어났고, 더욱이 남편은 루즈벨트 대통령이었다. 그런데도 그녀는 그 나이에 그냥 스스로 떠나버렸다.

　그녀는 완벽할 만치 행복한 조건을 갖췄으나 '행복감'은 느끼지 못했고, 그것으로 인하여 한없는 권태 속에 빠져 있었던 것이다. 뭔가 좀 모자란 듯하고 그래서 부족을 채우려 노력하고, 채우고는 만족하고 그 누구에겐가 감사하면 사는 것이 부족한 사람들의 삶이다. 그런데 그녀는 그럴 여지가 전혀 없는, 더구나 경쟁은 떠올릴 수도 없는 '불행' 속에서 살았던 것이다.

톨스토이는 작가로서 충분히 명성과 부를 누렸다. 명망 있는 인사들과 친밀한 관계를 유지하며, 넓은 농토와 많은 농노를 거느리고, 수많은 사람들로부터 존경을 받으며, 사랑스런 아내와 귀여운 자녀에 둘러싸여 살았다.
 그러나 그도 사회적 통념으로 행복의 절정에 이른 50대 초반에 회의와 우울증에 빠졌다. 이를 극복하지 못해 자살하고픈 충동에서 벗어나지 못했다고 한다. 그는 자신이 자살할 것 같은 생각이 들어서 매일 저녁이면 침대 시트나 수건처럼 목맬 것이나 권총을 멀찍이 치운 뒤에 잠이 들었다고 한다.
 톨스토이는 어느 날, 농노들이 힘든 일을 마치고 감사의 기도와 찬송을 드리는 걸 보았다. 어떤 절대자를 믿고, 선행을 실천하며, 부지런히 몸을 움직여 일하는 곳에서 행복이 우러나옴을 느낀 톨스토이는 신의 섭리에 대한 글들을 쓸 수 있었다. 농노를 해방시킨 뒤, 그들과 함께 일하고 기도하면서 참된 행복을 되찾았다.

이항로 선생의 수신

어느 날 갑자기 포졸들이 이항로의 집을 포위하더니 곧 이어 금부도사가 들이닥쳐 그를 체포하였다. 영문을 모르는 가족과 제자들은 울음을 터뜨리기도 하고 금부도사에게 매달려 사정을 하기도 하는데 정작 이항로는 집안사람들을 꾸짖으며 의연하게 대처하였다.

"글을 읽는 사람이 그렇게 못나게 굴다니! 죄가 있으면 죽을 것이오, 없으면 면할 것이 아닌가? 오직 천명을 따를 뿐이다."

이리하여 이항로는 옥에 갇혔는데 심문하는 과정에서 무죄로 밝혀져 곧 풀려나게 되었다. 집으로 돌아온 그는 아무 일도 없었다는 듯이 다시 제자들에게 강의를 계속하였다.

"방금 옥고를 치르고 나오셨으면서도 포박당해 가기 전과 조금도 다름없이 저희들을 가르치고 계시니 영문을 모르겠습니다."

제자가 말하자 이항로가 태연하게 대꾸하였다.

"금부도사가 들어와서 나를 데리고 갈 때도 죄가 없다고 생각했기 때문에 아무런 마음의 변화가 없었는데, 이제 와서 그 마음을 돌이켜 바꾸란 말이냐?"

제자들이 깊이 깨닫는 바가 있었다. 이윽고 제자 중의 한 사람이 질문하였다.

"선생님처럼 갑작스런 환난을 당했을 때에 마음이 동요되지 않으려면 어떻게 해야 합니까?"

이항로의 답을 이러했다.

"항상 살얼음 위를 걷은 마음으로 자기 자신을 단속하며, 가볍게 행동하지 않아야 하네."

그대의 얼굴은 짓밟힐지언정 마음만은 무엇에도 짓밟히지 말아야 한다. 눈을 안으로 뜨라. 그대가 찾는 것은 그대의 마음속에 있다.
H. 소로우 : 미국의 인권운동가

남을 불쌍히 여기는 마음

깊은 산 속에 혼자 사는 노인이 있었다. 세상의 온갖 지혜를 알고 있었던 이 노인은 어느 날 동네사람들에게 행복의 비밀을 가르쳐 주겠다고 약속을 하였다. 하지만 들을 만한 자격이 있는 한 사람에게만 들려주겠다고 단서를 붙였다.

동네사람들은 심사숙고 끝에 '아름다움이야말로 이 세상에서 가장 값진 것'이라고 생각하고는 동네에서 가장 예쁜 아가씨를 보냈다. 그러나 노인은 그 아가씨를 돌려보냈다.

그러자 '가장 부유한 사람이 자격이 있지 않을까' 생각한 사람들은 이번에는 동네에서 가장 부자인 사람을 보냈다.

하지만 이번에도 허탕이었다. 노인은 고작 그런 생각밖에 못한 사람들에게 실망했다.

그런데 마침 새 한 마리를 가슴에 안고 울고 있는 한 소녀를 만났다. 노인이 다가가서 그 사연을 물으니 그 소녀는 다친 새가 불쌍해서 울고 있었다는 것이었다. 노인은 얼굴이 대번에 밝아졌다. 이제야 비로소 행복의 비밀을 말해 줄 사람을 찾은 것이었다.

"얘야, 지금 흘리고 있는 너의 눈물이야말로 세상에서 가장 소중한 것이란다. 남을 불쌍히 여기는 마음 없이는 결코 이 세상은 행복해질 수가 없기 때문이지."

생명 있는 모든 것에 봉사함으로써 나는 세계에 대하여 뜻있고 목적 있는 행동을 다한다. 슈바이처 : 독일의 의사, 철학자

목각 기러기

우리의 전통 혼례에는 신랑이 나무로 만든 기러기를 소중히 가슴에 안고 신부 집으로 가는 절차가 있다. 목안(木雁)이라고 부르기도 하는 이 목각 기러기는 서로 다른 집안에서 자라온 남녀가 부부로 인연을 맺는 혼례에서 중요한 상징으로 쓰인다.

초롱을 든 하인의 안내에 따라 신랑은 목안을 초례청(醮禮廳)에 놓고,

"나는 늘 기러기처럼 가정을 지키고 부부의 도리, 자식의 도리, 부모로서의 도리, 가문의 도리들을 일생토록 잘 지켜 살 것이다."

라고 서약하는 것이다.

흔히 옛 어른들은 자식이 커서 혼인할 적령기가 되면 혼인하기 한 해 전부터 단단하고 질긴 박달나무를 산에서 베어다가 신랑이 될 아들에게 기러기에 관한 이야기를 해주고는 스스로 혼례에 쓸 목안을 깎게 했다.
　아들은 나무로 기러기를 깎으면서 혼인과 인생에 대해 곰곰이 생각할 기회를 가질 수 있었고, 이렇게 정성스레 만든 목안에는 혼인을 앞둔 남자의 자각이 깃들어 있기 마련이었다. 혼례에 올렸던 이 목안을 늙도록 머리맡에 올려놓고 살던 우리 조상들은 기러기를 다듬던 마음으로 가정과 가문을 잘 이끌면서 검은 머리가 파뿌리 될 때까지 건강하게 장수했던 것이다.
　그러나 세월이 흐르다보니 목안도 큰 마을의 혼례용품 보관소에서 빌려 쓰게 되었고 그것마저도 복잡하다고 하여 요즘엔 목안의 뜻은 사라지고 서양식으로 반지를 끼워주게 되었다.

사랑은 욕구와 감정의 조화이며 결혼의 행복은 부부간의 마음의 화합으로부터 결과적으로 생겨난다.　H. 발자크 : 프랑스의 소설가

손님의 잘못이
아닙니다

    그 택시 운전사는 언제나 웃음 띤 얼굴이었다. 차 안은 깨끗했으며 손님에겐 늘 먼저 인사를 건넸다. 그는 자기 일이 즐겁다고 말했다. 물론 심한 교통체증과 거리의 소음, 매연이 괴롭긴 했지만, 별로 개의치 않는 듯했다.

    하루도 빠짐없이 택시를 몰고 거리로 나가는 그에게 어느 날 청천벽력과 같은 일이 벌어졌다. 사랑하는 아내가 불치의 병에 걸린 것이었다. 그는 아내를 극진히 보살폈다. 그러나 되도록이면 택시운전을 거르지 않으려 노력했고, 손님에게도 항상 친절했다.

    간절한 마음으로 정성을 다해 간호했지만, 그의 아내는 세상을 뜨고 말았다. 아내를 잃은 그는 깊이를 알 수 없는 슬픔과 절망에 젖어 들었다.
 어느 날 그의 택시를 즐겨 타는 어떤 사람이 말을 걸어왔다. 남자는 택시운전사가 운전이 즐겁다고 한 말을 떠올리며 물었다.
 "여전히 즐거우십니까?"
 운전사는 남자에게 친절하게 말했다.
 "지금은 그렇지 않습니다. 지난주에 아내가 병으로 죽었거든요."
 남자는 깜짝 놀라며 그와 같은 고통을 겪으면서 어떻게 손님들에게 친절하게 웃을 수 있느냐고 물었다.
 "제 아내가 죽은 것은 손님의 잘못이 아닙니다. 그런데 왜 제가 손님에게 불친절하게 대해야 하겠습니까?"

당신이 친절한 태도로 남에게 베푼 유쾌함은 당신에게 되돌아오며 가끔 이자까지 붙어서 돌아온다.   A. 스미스 : 영국의 경제학자

노동의 의미

　중국 당나라 때 백장(百丈)이라는 스님이 있었다. 그는 이름난 선승(禪僧)이어서 노년에는 수많은 제자들이 그가 살고 있는 절로 몰려들어 커다란 승단을 이루었다.
　그러나 그에게는 제자들이 보기에도 거북한 버릇이 있었는데, 그것은 눈이 오나 비가 오나 하루도 거르지 않고 농사일을 하는 것이었다.
　제자들은 갖가지 방법으로 스승의 노동을 만류하였으나 그 문제에 있어서만은 전혀 통하지 않았다. 제자들은 생각다 못해 마침내 한 가지 궁리를 짜냈다. 백장은 언제나 호미와 괭이를 자신의 툇마루 밑에 두고 있었는데 그것을 감추어 버리기로 한 것이다.

일을 하기 위해 방을 나와 마루 밑을 더듬던 백장은 농기구가 보이지 않자 방으로 도로 들어갔다. 제자들은 '이제 됐구나' 생각하며 좋아했다. 그러나 그게 아니었다. 백장은 그때부터 음식을 전혀 먹지 않는 것이었다. 제자들이 아무리 간청해 보아도 소용이 없었다. 까닭을 묻는 제자들에게 스승은 다음과 같이 말했다.

하루를 일하지 않으면 하루를 굶는다.
일일부작 일일불식(一日不作 一日不食)

제자들은 마침내 호미를 내어 드렸고, 백장은 하루도 쉬지 않고 일을 했다. 이렇듯 검소한 생활에 있어서 백장스님을 따를 자가 없었다.
백장스님 휘하에서 훌륭한 인물들이 많이 배출되었다.

아무리 여러 사람의 반대가 있더라도 양심에 옳다고 생각되거든 단연코 행하라. 남이 반대한다고 해서 자기의 신념을 꺾지 마라. 　　채근담

두 거지와 보리

옛날 이스라엘에 핀하스 펜 야일이라는 마음이 곧은 현자가 있었다. 랍비인 야일은 행실이 바른 사람으로 알려져 있어 많은 사람들이 그에게 도움이나 조언을 구하려 찾아왔다.
 어느 날, 거지 둘이 야일이 사는 마을에 와서 이집 저집 동냥을 하며 돌아다녔다. 그러나 별로 넉넉하지 못한 마을 사람들은 다만 가루로 빻아 빵을 만들어 먹으라고 각자의 집에서 보리를 조금씩 주었다. 몇 집을 돌아다닌 끝에야 보리는 겨우 작은 자루로 두 개가 되었다.
 "다른 도시에 가보자. 그 편이 더 나을지도 몰라."
 하고 그들 중 한 사람이 말하였다.
 다른 한 사람도 그 제안에 고개를 끄덕였으나 지금까지

모은 보리를 가지고 갈 수는 없었다. 두 사람은 랍비 야일에게 그것을 맡기고 길을 떠났다. 그렇게 다른 고장을 떠도는 사이에 그들은 맡겨두었던 보리에 대해서는 까맣게 잊고 말았다.

랍비 야일은 몇 달이 지나도록 두 사람을 기다렸으나 그들은 돌아오지 않았다. 꼭 일년이 흘렀다.

'만일 그 보리를 창고에 넣어두면 맛도 없어지고 게다가 쥐가 먹을지도 몰라. 그렇게 되면 그 가난한 사나이들이 돌아왔을 때는 아무것도 남아 있지 않게 될 거야.'

랍비 야일은 이렇게 생각하고 밖으로 나가 밭을 갈고 두 사나이의 보리를 뿌렸다. 비가 내리더니 보리의 싹이 자랐다. 보리가 영글자 랍비는 수확하여 큰 자루 속에 담았다. 지난해에 맡아두었던 양보다도 훨씬 많았다. 그런데 그 해에도 두 거지는 돌아오지 않았다. 랍비는 또 씨를 뿌리고 추수를 하였다. 보리는 늘어나 큰 자루가 몇이나 되었다.

랍비 야일은 매년 이같이 보리를 추수하였다. 그리고 7년이 지났다. 어느 날, 두 거지가 우연히 이 마을을 지나가게 되었다. 두 사람은 여전히 배를 곯고 있었다. 몇 해 전에 랍비에게 보리를 맡겨두었다는 것을 기억해 낸 한 사나이가 말했다.

"어쩌면 아직까지 있을지도 몰라."

두 사람은 랍비를 찾아갔다.

"7년 전에 당신께 맡겨둔 보리를 기억하십니까? 아직 있으면 돌려줄 수 없겠습니까?"

두 사람을 본 랍비는 기뻐하면서 말했다.

"물론이지요. 하지만 두 분이서 운반하지 못할 걸요? 두 분의 보리를 운반하려면 당나귀와 낙타가 필요합니다."

그리고는 곳간으로 그들을 안내하였다.

"당신네들이 맡긴 보리가 이렇게 불어난 것이오."

랍비 야일은 기꺼이 보리를 두 사람에게 내주었고, 자기가 수고한 품삯조차 받지 않았다.

남에게 선행을 베풀 때, 사람은 자기에게 최선을 다하고 있는 것이다.
B. 플랭클린 : 미국의 소설가, 정치가

나는
어디로 가고 있는가?

　북극해의 거대한 섬들은 온통 얼음으로 뒤덮여 자연의 신비로운 숨소리를 찬 바람에 실려 보낸다. 이러한 장관을 구경하기 위해 많은 사람들이 배를 타고 근처 바다까지 찾아온다. 이 바다에는 거대한 얼음덩어리들이 둥둥 떠다니는데, 실제 크기는 물위로 떠오른 부분의 7~8배나 된다. 큰 얼음산들은 바다의 조류에 따라 따뜻한 곳으로 흘러가 녹아 없어질 때까지 물에 떠다니는 것이다.

　한 척의 배가 관광객을 태우고 이 바다로 들어왔다. 모두들 얼음덩어리의 엄청난 크기와 아름다움에 감탄을 했다. 그때 한 소년이 아버지에게 물었다.

"아버지, 이 큰 얼음산은 모두 이쪽으로 가는데, 왜 작은 얼음조각은 다른 쪽으로 흘러가죠?"

실제로 바다의 수면에 떠있는 작은 얼음조각들은 빙산과는 다른 방향으로 흘러가고 있었다. 소년의 물음에 아버지는 소년의 머리를 쓰다듬으면서 말했다.

"잘 들어라. 큰 빙산은 바다 밑에도 더 큰 몸체를 지닌 채 떠다니는 것이어서 바다 깊숙한 곳의 조류에 따라 흐른단다. 그러나 작은 부스러기 얼음덩어리들은 물 표면의 바람과 물결에 의해서만 움직이지. 그래서 다른 방향으로 흘러가는 거란다."

우리는 무엇에 의해 움직여가고 있는 것일까? 눈앞의 이익과 즐거움의 얕은 물결에 의해서 흘러가고 있는 것은 아닌가? 뜻을 잃어버리고 무작정 세월이라는 바람에 몸을 맡기지는 않았는지…….

자기 자신을 발견하라. 자기 자신을 누구보다도 잘 알고 있으면서 실제로는 잘 파악하지 못하고 있다.　　A. 알랭 : 프랑스의 철학자

디오게네스

철학자 디오게네스가 저녁으로 렌즈콩을 먹고 있었다. 그 모습을 아리스띠포가 보게 되었다. 그는 왕에게 아첨한 대가로 안락한 생활을 하고 있었다.
아리스띠포가 비꼬듯이 말했다.
"만일 그대가 왕을 보좌하는 법을 배우면 이런 렌즈콩 따위나 먹고 살지는 않을 것이오."
그러자 디오게네스가 한 마디 했다.
"만일 그대가 렌즈콩을 먹고사는 법을 배운다면, 왕에게 아첨하지 못할 것이오"